これからの 遊びと学びをつなぐ
保幼小接続カリキュラム

事例でわかる **アプローチ&スタートカリキュラム**

木下 光二 著

はじめに

　ネット社会の深化やＡＩの登場など、時代の急激な変化とともに、子どもたちを取り巻く環境も大きく様変わりしています。一方で、ありの行列をずっと眺めていたり、ぱっと飛び立つ鳥に目を輝かせたりする、今も昔も変わらない子どもの姿があります。夢中になって遊ぶ子どもの瞳が、私たちに大切なことを教えてくれます。変わるものと変わらざるものです。

　新しい時代の教育の実現に向け、幼稚園教育要領等や小学校学習指導要領等が改訂され、保幼小の円滑な接続が重要な課題として取り上げられました。今まさに、保育の質的向上や小学校の授業改善を図りつつ、子どもの育ちや学びをつなげる方向に動こうとしています。

　私は長年、徳島県の公立小学校と鳴門教育大学附属小学校に勤務したあと、平成18年に同附属幼稚園に異動し、5歳児の担任をさせてもらいました。この"変化"の経験は、私にとって、かけがえのない宝物になりました。幼稚園での2年間は、幼児教育に出会い、その深さに驚き、また困惑する場面もありましたが、喜びや感動とともに、幼児期の遊びや環境、教育課程の意味、連携における学びの深化や相互作用、学校教育のあるべき姿や接続の重要性などを学ばせてもらいました。

　接続という課題が大きく浮上した今、幼児期から児童期に、子どもたちのなにをつながなければならないか、そのためになにをどう変えていくのか。これまでの経験から見えてきた方法や考え方をまとめてみました。本書が、幼児期と児童期をつなげる橋渡しになれば幸いです。

令和元年7月

鳴門教育大学大学院教授　木下　光二

目次

はじめに ... 3

第1章　保幼小接続を進めるために

1　要領等の改訂と保幼小接続 ... 8
2　幼児教育の特殊性 ... 10
3　幼児教育における教育課程を理解する ... 17

第2章　「連携」から「接続」へ

- チャプター・プレビュー 「連携」と「接続」って、どう違うの？ ... 26
1　交流活動中心の「連携」から教育課程でつなげる「接続」へ ... 28
2　なにをつなげるのか ... 34
3　「遊び込み」から「学び込み」へ ... 38
　　エピソード記録❶「描きたくないもん！」 ... 40
　　エピソード記録❷「かぶとむしの木くず」 ... 43
4　遊びのなかの「学び」を捉え、小学校へつないでいく ... 46

第3章　幼児期における「学びの芽生え」とは

チャプター・プレビュー　「学びの芽生え」って、なに？　……… 50

1　幼児教育の特質と「学びの芽生え」　……… 52
　エピソード記録❸「赤土のシャボン玉」　……… 54
　エピソード記録❹
　　「石けんの色水遊びからレストランごっこへ」　……… 56
　エピソード記録❺「道が違うんかなあ？」　……… 60

2　「学びの芽生え」は小学校の教科につながる　……… 62
　エピソード記録❻「恐竜博物館」　……… 65
　エピソード記録❼「お兄ちゃんの長さか！」　……… 67

第4章　児童期における「自覚的な学び」とは

チャプター・プレビュー　「自覚的な学び」とは、なにか？　……… 70

1　「自覚的な」とはなにを意味しているのか　……… 72
　エピソード記録❽「白い石で数えたよ」　……… 74
　エピソード記録❾「学校ひらがな探検隊」　……… 76
　エピソード記録❿「こいは何匹いるでしょう」　……… 78

2　協同性や人と関わる力が発達する姿も見られる　……… 81
　エピソード記録⓫「熱かったすべり台」　……… 83

3　幼児教育を知ることで変容した、1年生を見る児童観　……… 86

第5章　アプローチ＆スタートカリキュラムを作る

- チャプター・プレビュー 「接続期のカリキュラム」とは？ ……… 90
- 1 接続期のカリキュラムとは ……… 92
- 2 アプローチカリキュラムを作る ……… 94
  - **モデル・カリキュラムⒶ**
    神戸市立西野幼稚園のアプローチカリキュラム ……… 96
- 3 スタートカリキュラムを作る ……… 98
  - **モデル・カリキュラムⒷ**
    高梁市立落合小学校のスタートカリキュラム ……… 100
- 4 保幼小でいっしょに作る接続カリキュラム ……… 102
  - **モデル・カリキュラムⒸ**
    北九州市の幼児教育と小学校教育の接続カリキュラム ……… 106
  - **モデル・カリキュラムⒹ**
    鳴門教育大学附属幼稚園・小学校の接続カリキュラム ……… 108
  - **エピソード記録⑫**「いかだプロジェクト」……… 111
  - **モデル・カリキュラムⒺ**
    伊丹市立ありおか幼稚園の接続カリキュラム ……… 113
- 5 接続期のカリキュラムを作るポイント ……… 116

第1章

保幼小接続を
進めるために

1　要領等の改訂と保幼小接続

教育要領や学習指導要領等の改訂

　本書は、幼児教育と小学校教育のなめらかな接続をテーマにしています。それは、幼児期の遊びを児童期の学習につなげることにほかなりません。簡単なことではありませんが、子どもの思いや願いに寄り添い、それぞれに充実した教育を実現させることで可能になると思っています。

　まずはそのために一歩を踏み出すこと、なにかを変えることが大切となります。

　平成29年3月、幼稚園教育要領や保育所保育指針、幼保連携型認定こども園教育・保育要領が改訂（定）され、令和2年には新しい小学校学習指導要領も全面実施となります。

　今回の小学校学習指導要領の改訂においては、「社会に開かれた教育課程」をキーワードに、9ページに掲載したような基本方針が掲げられており、幼児教育と小学校教育の接続も大きなテーマの1つとなっています。

　その2つ目に挙げられている「資質・能力」については、幼児期から高等学校を通して3つの資質・能力、

第1章 保幼小接続を進めるために

すなわち、①「知識及び技能(基礎)」②「思考力、判断力、表現力（基礎）」③「学びに向かう力、人間性等」を育成することが貫かれました。教育要領や学習指導要領などの総則には、円滑な接続を図ることが記載されました。

さらに、幼児教育3施設の整合性や小学校教育との接続を図るため、「幼児期の終わりまでに育ってほしい姿」が示されました。詳細については、このあとの第2章で詳しく述べますが、「アクティブ・ラーニング」や「カリキュラム・マネジメント」をキーワードに、幼児期の保育の質の向上や児童期の授業改善を図り、幼児期と児童期とを円滑に接続することが求められています。

小学校学習指導要領改訂の基本方針

1 今回の改訂と社会の構造的変化
　　社会に開かれた教育課程の実現
2 何ができるようになるか
　　育成を目指す資質・能力
3 どのように学ぶか
　　主体的・対話的で深い学び（アクティブ・ラーニングの視点からの授業改善）
4 カリキュラム・マネジメント
　　教育課程を軸とした学校教育の改善・充実
5 何を学ぶか
　　具体的な教育内容の改善・充実
6 初等中等教育の一貫した学びの確立と子どもの発達の支援
7 何が身についたか
　　学習評価の充実
8 実施するために何が必要か
　　学習指導要領等の理念を実現するために必要な方策

保幼小接続

2 幼児教育の特殊性

すべてが新鮮だった幼児教育の世界

　"はじめに"でも少し触れましたが、幸い私は幼稚園と小学校の両方で勤務しました。平成12年3月までは徳島県の公立小学校に勤務し、鳴門教育大学附属小学校に異動したのがその年の春でした。附属小学校では、1年生の担任や生活科担当として隣接する附属幼稚園との交流活動を行い、幼児教育に触れる機会を得ました。平成17年には附属小学校教頭という職につきましたが、翌年には3年保育5歳児担任兼教頭として附属幼稚園に異動し、幼児教育の世界に飛び込むことになりました。

　異動を決断したのは、連携教育に携わりながら見せてもらった、幼児が夢中になって遊びながら学んでいる姿が、あまりにもすてきだったからです。

　小学校教育は毎時間設定されている到達目標に児童を近づけることがねらいとなりますが、幼児教育は目標や内容もさることながら、どこまで突き抜けても制限はありません。それが幼児教育に魅了された理由でした。そのときの経験が、教育観や評価観の変容はもとより、子ども観や教育理念の変容を私のなかで引き起こしたのでした。

　幼児教育で出会った幼児の世界は、全てが新鮮で、驚きや感動とともに幼児期の豊かさを教えてくれました。遊びを紡ぎ出す力や創造力などは際限がなく、それまで経験しえなかった新しい教育の可能性を感じることができました。

　ただ、長年、教科書を中心とする小学校教育になじんでいた私に、十分な保育ができるはずはありませんでした。当時の記録に、「これまで培ってきたものを一度解体し、再構成し直すことが必要」と書いていますが、日々、苦悩や困惑、とまどいや躊躇(ちゅうちょ)の連続だったことを覚えてい

ます。しかし、保育が十分にできなかった経験も、今となっては宝物で、できなかったからこそ多くのことを学べたのだと思っています。

幼児教育における「環境」と「遊び」

　そのことがよくわかるのが、3人の5歳児が色水遊びをしている右の写真です。この写真は幼稚園に勤める前の附属小学校勤務時代に撮影したものです。よくある保育の光景ですが、当時の私は、「3人が仲よく遊んでいるなあ」「いろいろな材料や道具を使うんだなあ」という程度のことしかわかりませんでした。遊びの充実や背景にある環境の意味を理解することができませんでした。

　しかし、今なら、遊びを見た際に、次のようなことが頭に浮かびます。
- 保育者がいないところで、3人の関係性を創りながら自分たちで遊びを進めている。
- つぶす、入れる、混ぜる、移動させるなど、役割分担ができている。
- すりこぎ棒、泡立て器、おろし金、ろうと、ボウル、カップなど、必要な道具を適度な数だけそろえている。
- 自分たちで相談し、これだけの道具や材料を集めている。
- これだけの道具や材料を準備するのに、どれだけのことを考え、話し合い、準備したであろうか。
- これだけの準備や遊びの展開が見

この写真から、どんなことに気づきますか？

られるのは、これまでの経験の積み上げがあったのだろう。
●3、4歳児のときに、どんな遊びをしてきたのだろう。
●水に色をつけている材料は、全て自然物（ヨウシュヤマゴボウ、藍の葉）である。
●既成のものより、自然物こそ、なにより豊かな教材である。
●それぞれの季節に合った植物や気候を生かして、遊びを作っている。
●できあがっている色水の様子から、遊び始めて1時間ほどは経過しているだろう。夢中になって遊んでいるということである。
●片づけの際、きっと明日も継続したいから、片づけ方も考えながら進めるであろう。
●保育者はどんなイメージで環境を整えているのか。そして、どんな支援や働きかけをしているのか。
●この時期の発達や成長、指導のねらいや内容、指導計画、教育課程などをイメージする。
●記録をとることを意識し、幼児の会話に耳を傾ける。

などです。幼児教育は、遊びや環境を通して幼児の発達や成長を促します。幼児一人ひとりの育った環境や生育歴は異なりますが、幼児の発する言葉や所作のなかに"育ち"を読み取ることが、保育者には必要です。その際、目の前で起こっている事象だけでなく、幼児の成長発達のプロセス（過程）をイメージできるかどうかが重要となるでしょう。現在を見るということは、プロセスを見ることであり、プロセスが見えなければ現在を形成することができないように思います。

ベテランの保育者が遊びを上手に紡ぎ出せるのは、環境が見えていることはもとより、幼児の育ってきたプロセスや遊びのプロセスが見える

からではないでしょうか。「学びの芽生え」は見えてこそ、捉えられてこそのものです。見えない学びは語ることはもとより、つなげることができません。今では、そのことがよくわかるような気がします。

3歳児には3歳児なりの学びがある

初夏に附属幼稚園を訪ねた際、3歳児たちが園庭で繰り広げていた色水遊びの様子から、次のような気づきや学びもありました。

幼児たちは、大小さまざまなボウルや手なべに、花びらや葉っぱを浮かべたりつぶしたりして、色水遊びをしていました。かたわらには、すりこぎ棒、すり鉢、泡立て器、おろし金、ろうと、お玉、ペットボトル、カップなど、さまざまな物が置かれています。まだ手先を器用に動かすことはできず、たどたどしさはあるものの、夢中になって遊んでいます。

しばらく見ていると、水と関わる一つひとつの行為に、水を切る、水を混ぜる、水を運ぶ、水を分ける、水をなでる、水をすくう、水を練る、

夢中で遊んでいる3歳児

水をはじく、水をたたくなど、あてはまる言葉が次々と浮かんできました。もっとあったかもしれません。色水を作って遊んでいる3歳児の行為に、なんと多様な動作が内在していることでしょう。もちろん、幼児は無意識に遊んでいるだけで、これらの行為を言語化したり説明したり

することはできないでしょう。幼児期の遊びが「無自覚的な学び」と言われるゆえんかもしれません。

しかし、これらの行為一つひとつが幼児の記憶に刻まれ、いずれ言語や知識となって獲得され、表現できるようになっていくのだろうということが、頭をかすめました。言葉を獲得するプロセスを見せてもらったようにも思いました。幼児にとって、指先や手先を使って遊ぶ多様な体験がいかに重要であるかです。3歳児には3歳児なりの「学びの芽生え」があることを学びました。

以前の私なら、このようなことを思い浮かべることはなかったと思います。曲がりなりにも十数年、幼児教育に携わらせてもらい、常に子どもの思いや環境の意味を考えるなかで、少しずつ可能になったことだと思います。幼児教育は、決して見えない世界ではなく、一つひとつ経験を重ねるなかで、見えるようになる世界なのでしょう。

● エピソード
「そんなに上手になったのね」（5歳児と1年生の交流活動）

幼児期から児童期への連携や接続を語る際、いつも最初に紹介するのが次のエピソードです。私がまだ鳴門教育大学附属小学校に勤め、1年生の担任をしていた4月下旬のことです。学校のなかで見つけた宝物を題材にしたかるたを作る交流活動を、1年生と5歳児とで行っていました。例えば、

「りかしつで　じっとしている　かぶとがに」
「たいいくかん　いつもとびばこ　できるかな」
「うさぎさん　しっぽがちょっと　かわいいね」

というような俳句を読んでかるたを作ったり、作ったかるたで遊んだりする活動です。小学校のカリキュ

ラムで言えば、生活科と国語科の合科的な学習と言えるでしょう。

　右の写真は、5歳児といっしょに見つけた宝物でかるたを作るため、かるた用紙の厚紙を切っている場面です。小学校に入学し1年生になったといえども、この時期はまだ、はさみが上手に使えなかったり、のりがきちんとつけられなかったりすることもあります。そのときも、写真のように1年生の女児が厚紙を切ろうとしていましたが、なかなか上手に切れない様子が見られました。

　かたわらにいた私は、「まだはさみが上手に使えないんだ」「こんな簡単なことができないんだ」「1年生になったばかりだから仕方ない」と思いながらその様子を見つめていました。それが1年生の担任をしていたころのよくある光景でした。

　5歳児との交流活動だったので、1年前に5歳のその女児を担任した幼稚園の保育者もその場にいました。そして、その様子を見てつぶやいた言葉が、「すごいねえ、1年生

かるた用紙の厚紙を切っている1年生とそれを見つめる5歳児

になったらそんなに上手にはさみが使えるようになったんだね」でした。

　私は一瞬、自分の耳を疑うかのような衝撃を受けました。それまで否定的に見てきたいつもの光景を、幼稚園の保育者は肯定的に捉えたのです。なるほど、3歳や4歳のときは、もっとままならなかったに違いありません。子どもの発達や成長を知っている幼稚園の保育者だからこそつぶやけた言葉なのでしょう。

　同じ様子を見て、私と幼稚園の保育者では、評価観にこれほど大きな

違いがあったのです。この違いで苦しむのは子ども自身にほかなりません。このような違いは、断じて解消されなければなりません。

幼小の間で、こんなにも違う子どもの見方

　では、なぜこのような違いが生まれたのでしょう。私は小学校で、1年生の担任を8回も経験していました。幼小間の「壁」「溝」「段差」と呼ばれるものが、ここに横たわっているように思います。小学校の先生は、幼稚園や保育所、認定こども園などで子どもがどのように育ってきたかをあまり知りません。一方、幼稚園の保育者は、幼児期の子どもの育ちをよく知っているからこそ、3歳、4歳のころよりはさみが上手に使えるようになっていることがわかって、つぶやいた率直な言葉なのだと思いました。

　同じ様子を見て、小学校と幼稚園の先生では、教育観や評価観にこれほど大きな違いがあったのです。このような違いを解消することが、まさに円滑な接続であり、それが子どもの健やかな成長や発達につながることを考えさせられたエピソードでした。幼小の交流活動を実施しなければ、そのときその場に幼稚園の保育者がいなければ、1年生児童の成長や発達をいつまでも否定的な捉え方をしていたに違いありません。子どもの成長や発達のプロセス（過程）を知ることがどれほど大切なことであるかを、学ばせてもらいました。

3 幼児教育における教育課程を理解する

見えにくい教育課程は幼児教育の特徴!?

今回の改訂において、幼小の円滑な接続に向けて、教育課程の連続性が求められています。幼小の「幼」は、もちろん幼稚園の「幼」ではなく、幼児教育の「幼」です。公私や施設の区別なく、全ての幼稚園、保育所、認定こども園等を意味しています。

さて、幼児教育を理解するためには、ましてや、幼児期と児童期を接続させるためには、幼児期の教育課程を理解することがとても重要となります。

教育課程は、広義ではカリキュラムと言い換えることもできます。ねらいや内容が規則正しく並んでいる小学校の教育課程と違って、環境を通して保育を行う幼児期の教育課程というのは、実に見えにくいものがあります。私が幼稚園での勤務時代、十分な保育ができなかった要因の1つがここにあります。

幼児教育は遊びそのものが教育活動です。ただ、幼児教育の専門性がなければ、遊んでいるだけに見えて、そこに内在する育ちや学びを読みとることがなかなかできません。遊びのなかの学びが見えないのですから、教育課程そのものはもっと見えにくいものとなります。結局、私自身も幼稚園に勤務していた2年間では、幼稚園の教育課程はもとより、教育要領や環境などに対する理解は、それほど進みませんでした。し

協同性が育ってるわ！

かし、平成20年春に幼稚園から本学大学院に異動してから数年後の平成25年、次に紹介するエピソードが、私に幼児期の教育課程に対する理解をもたらしてくれました。

●エピソード
「季節はずれのみんみんぜみ」（3歳児）

　秋も深まったころ、広島県の尾道市立中庄幼稚園（当時）を訪ねたことがあります。その当時、中庄幼稚園は、文部科学省委託の教育課程開発研究を行っていました。保育室にはどんぐりや落ち葉などがふんだんに置かれ、秋の色彩の放つ心地よい空気感が保育室にあふれていました。幼児でなくても、思わず手にとってみたい、見立ててみたい、なにか作ってみたいと思えるような、優しい環境がありました。

　屋外には、砂場や遊具などが置かれている東側の園庭と、木々や草花が生い茂っている西側の園庭がありました。午前の保育を見学して休憩をしていたら、木々が生い茂っている西側の園庭に、二人の3歳児が出てきました。ほかには誰の姿もなく、室内にいる私たちにも気がついた様子はありません。二人とも手に小さな図鑑を持っているようでした。しばらく散策したあと、1本の木の下

木々が生い茂る西側の園庭

第1章 保幼小接続を進めるために

で立ち止まりました。
　一人が上の方を見上げると、突然、「みーんみーんみーんみーん、みーんみーん…」と、せみの鳴きまねを始めました。その声からは、せみになりきり、心を込めて鳴いている様子がうかがえました。時には力強く、時には消えいるように、繰り返して鳴いていたら、もう一人も同じように鳴きまねを始めるのでした。もちろん季節柄、もうせみはいませんが、明らかに夏の盛りにこの木で鳴いていたせみのイメージが二人の頭に浮かんでいたのだと思います。しばしの間でしたが、見ていて、ほのぼのとしたなんとも言えない幸せな気持ちに浸ることができました。
　もし、この園のこの場所にこの木がなければ、二人はこの場所でせみの鳴きまねをすることはなかったでしょう。数か月前、この場所で、せみを感じながら暑い夏を過ごした時間が、二人の体内時間に刻み込まれています。そして、せみがいなくなった今でも、その時間は生きて時を刻み続けています。誰もいない静かな昼下がりの二人だけの時間が、過去を振り返り、せみになる時間をもたらしたのだと思いました。

教育課程は園の文化や環境に溶け込んでいる

　二人の発した「みーんみーんみーん、みーんみーん…」は、単に言語としての言葉ではなく、自然と一体となった言葉のように感じられました。同時に、園の文化として育まれている時間や空間、環境などが生み出した言葉であり、行動であることを感じることができました。そして、二人が生み出したこの行為そのものがその園の文化であり、教育課程ではないかと考えるに至りました。教育課程はまさにその園独自のものであり、文化であり、環境でもあるように思いました。

　下に抜き出したのが、中庄幼稚園3歳児のその時期の教育課程です。あらためてねらいや内容を読んでみると、先の3歳児の行為と教育課程

3歳児教育課程　Ⅲ期（10〜12月）　尾道市立中庄幼稚園（抜粋）

〈ねらい〉
- 友達といっしょに同じ遊びをする楽しさを味わう。
- 教師や友達といっしょに生活することを喜び、話したり聞いたり、会話を楽しんだりする。
- 木の実や落ち葉などに触れ、秋の自然に興味をもつ。

〈内容〉
- 身近な自然物を遊びに取り入れて楽しむ。
- 友達と同じ活動に参加し、みんなといっしょにすることを喜ぶ。
- 遊びやおしゃべりのなかで、やりとりを楽しみながら、生活に必要な言葉を知っていく。
- 走ったり、思いきり体を動かしたりする心地よさを、友達や教師と体験する。
- 異年齢児といっしょに園外散歩に出かける。

が、ピタッと重なっていることがわかります。

　このように、教育課程は子どもの姿と重なって具現化されること、言い換えれば、ねらいや内容が具現化されるように環境を整えたり保育を営んだりすることがなにより大切であることを教えてもらいました。

　この日以来、幼児教育の教育課程、ねらいや内容、環境や文化などが、少し見えるようになったと思っています。

●エピソード
「花びらの絵本」（5歳児）

　教育課程の理解は、自身の実践を振り返るよい機会ともなりました。附属幼稚園勤務時代、特に印象的だったエピソードが、「花びらの絵本」です。「季節はずれのみんみんぜみ」のエピソードと同じように、本園で生まれた「花びらの絵本」も、教育課程を語るうえでとても重要であることを私に教えてくれました。実際に保育を営んでいる当時は、その理解が難しかったのですが、当時の子どもたちの姿や作り出された表現物と教育課程を重ねることで、教育課程の意図するものがより鮮明に見えるようになりました。

◆ 4月10日　3年保育5歳児

　「先生、桜の花びらで絵本を作ったから、帰りに紹介して」と、カナが見

桜の花びらで絵本を作ったよ

せてくれた絵本には、桜の花びらがていねいに貼られ、『ひとり』『ふたり』…と書かれていました。
保育者「すっごい、すてきな絵本ができたね」
　　　「一人、二人って書いてあるのはどうして？」
子ども「人間みたいに思ったから」
　次のページをめくると、『さんにん』『またさんにんがきました』と書かれていました。
保育者「へえー、3人のあとにまた3人が来るんだ」
　　　「4人じゃないんだ。おもしろいね」
子ども「合わせたら、6人になるんだよ」
保育者「そうだねえ。1年生の算数の教科書よりも、すてきでおもしろいものができたね」
　さらに次のページをめくると、今度は、『ごにん』『ろくにん』と書かれていました。
保育者「4人はないんだね」
子ども「うん」
保育者「どうしてないの？」
子ども「？」
　ということでした。

幼児の行動と教育課程が重なっている

　この時期、ものを人間にたとえることは、そう珍しいことではないのかもしれませんが、絵本のストーリーから、カナがイメージの世界のなかで、数でたっぷりと遊んでいることがうかがえます。うれしそうに保育者に見せに来たことからも、満ち足りた時間であったに違いありません。
　絵本が作られた背景には、桜の花はもとより、手にとって遊べる植物が園庭にふんだんに育てられていること、園の玄関や廊下はもちろん、至る所に自然のものが飾られ、子ど

第1章 保幼小接続を進めるために

もたちが日常的に見たり触れたりできるように整えられていることなどがあります。草花や木の実、木の葉っぱや枝、木片などが日常的に設置され、いつでも手にとって触れたり遊んだりできるようになっています。植物をベースに作っている本園の環境構成や空間が、このような遊びを生み出し、子どもの世界を広げていることは間違いありません。

　幼児たちは、本園の空気（文化）のなかで生活をしています。特に3年保育5歳児は、長い時間を本園で生活しているため、子どものなかに文化が溶け込んでいます。あるいは文化のなかに子どもが溶け込んでいると言っても過言ではないでしょう。幼児たちは、園に育っている草花や木の葉などがいつでも遊びに使えることを知っていますし、色水遊びや石けん遊び、ままごとやごっこ

草花や木の葉を存分に使える幼児たち

遊びにも常時使っています。園に流れている空気や文化が、花びらの絵本を作る着想やきっかけとなったことも否定できません。"空気"こそ、もっとも典型的な園の文化なのかもしれません。

「花びらの絵本」が生まれた附属幼稚園の3年保育5歳児の教育課程は、下記のものです。「年長児になった喜びを感じ、進んで身近な人や環境に関わっていく」「気の合った友達や保育者との関わりを通して、相手の思いや考えに触れ親しみをもつ」「身近にあるものや保育者といっしょに生活に取り入れてきたものなど、いろいろな素材に関わり、試したり工夫したりして遊ぶ」など、前述した尾道市立中庄幼稚園と同じように、子どもの行動と教育課程が重なっていることがわかります。常に教育課程を意識して環境を整えたり、保育を営んだりすることが、幼児教育にとってはとても重要です。

5歳児教育課程　I期（4〜7月）　鳴門教育大学附属幼稚園（抜粋）

〈ねらい〉
- 年長児になった喜びを感じ、進んで身近な人や環境に関わっていく。
- 遊びや生活のなかで興味をもったものから、自分の課題を見つけ、課題に向かって取り組む。

〈内容〉
- 気の合った友達や保育者との関わりを通して、相手の思いや考えに触れ親しみをもつ。
- 自分たちの植えた植物や飼育動物、身近な小動物などに親しみをもって関わり、保育者といっしょに世話や手入れをする。
- 身近にあるものや保育者といっしょに生活に取り入れてきたものなど、いろいろな素材に関わり、試したり工夫したりして遊ぶ。

第2章

「連携」から「接続」へ

第2章 チャプター・プレビュー この章を読む前に

「連携」と「接続」って、どう違うの？

ちょっと前まで保幼小の「連携」って言ってたのに…

そうそう。「接続」ってどこが違うのかしら

それはね、こういうことなんです。

- 連携…交流活動が中心
- 接続…教育課程をつなげる

＊連携と接続は、車の両輪です

これからは「接続」の時代！

幼児教育

★幼児教育において「育みたい資質・能力」の３つの柱
★幼児教育の終わりまでに育ってほしい10の姿

＊要領などの改訂で「つながる」ことが求められた

小学校教育

2020年度からスタートカリキュラムが義務化されるのも大きな要因です

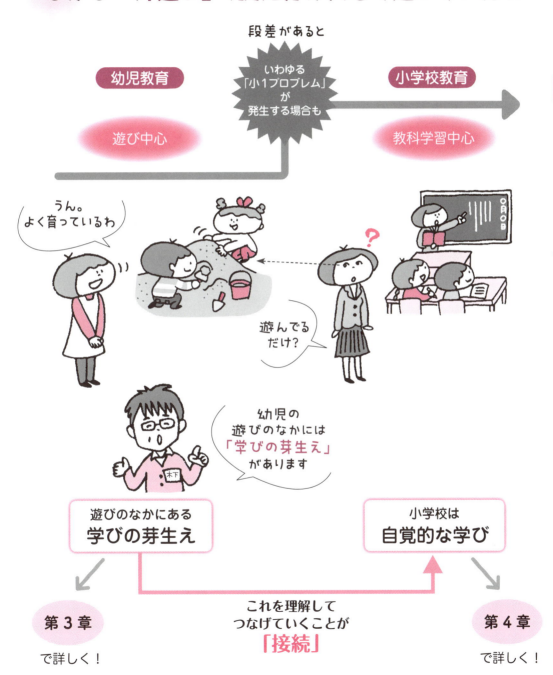

1 交流活動中心の「連携」から教育課程でつなげる「接続」へ

示された新しい方向性

　幼児教育と学校教育とをつなげるため、文部科学省は平成22年に「幼児期の教育と小学校教育の円滑な接続の在り方に関する調査研究協力者会議」を立ち上げ、同年11月にその報告書をまとめました。

　私も協力者会議の一員でしたが、子どもの発達や学びの連続性を保障するため、それぞれの段階における役割と責任を果たすとともに、両者の教育が円滑に接続し、教育の連続性・一貫性を確保し、体系的な教育が組織的に行われるようにすることを打ち出しました。これまでの交流活動を中心とした連携から、教育課程でつなげる接続へと新しい方向性を示すことで、幼児教育と小学校教育の円滑な接続を推進しようとしたのです。いわゆる、幼稚園や保育所と小学校との交流を図る連携から、幼児教育と小学校教育を教育課程でつなげる接続へという新たな考え方を示しました。それはすなわち、教育観や教育方法をつなげると同時に、教育内容をつなげるということにほかなりません。

　そのうえ、教育課程の連続性は小学校の教員に理解されやすく、教員

や管理職の異動があっても、教育課程に位置づけることで交流活動などが確実に実践されるという利点もあります。

　ただここで誤解のないように述べておくと、連携より接続を重視するということではありません。連携と接続は車の両輪のようなものです。どちらが欠けても前に進むことはできません。単に机上で接続の教育課程を作るのではなく、実際に交流活動や情報交換などの連携を行い、そこで見えてきた子どもの育ちや学びを反映させた教育課程を作ることが重要なのです。連携と接続をセットで考えることが大切になります。

「OECD」が示した新しい学力観

　少し世界に目を向けると、OECD（経済協力開発機構）が「国際標準の学力をめざして」と称して、新しい学力観についての定義を行った「キー・コンピテンシー」*1（30ページ）があります。OECDの考え方は日本の学習指導要領等にもおおいに影響を与えています。

　1つ目のコンピテンシーは、「相互作用的に道具を用いる」です。

　道具とは単なる「もの」ではなく、情報テクノロジーなどの物理的なものや、文字や言語・数・情報などの文化的なものも含みます。応答する関係性のなかで道具を上手に使うことで、生きて働く力となることを意味しています。道具に使われるのでなく、適切に使ってこそ最大限にその効果を発揮してくれるということでしょうか。幼児期の砂場におけるスコップの使い方などは、まさにこれにあてはまります。掘るだけではなく、スコップの背で砂をたたいて固めたり、こぼれないように砂や水

を運んだりする容器にしたり、幼児が工夫し働きかけ使用することで、スコップがもたらしてくれるものが生まれるのだと思います。

2つ目のコンピテンシーは、「自律的に活動する」です。一人ひとりが自分の生活や人生について責任をもち、自分たちの生活をより広い社会生活に位置づけ、自立的に活動することとされています。

「自律(自立)」は、小学校生活科教育の目標と一致しますが、コンピテンシーとしての自律は、生涯学習のような長いスパンで捉えられたものであり、子どもも大人も含めて、人が人として生きていくための人生設計や展望のようなものを意味しています。今まさに学校教育全体で求められている「生きる力」と同じような意味があるのではないでしょうか。

3つ目のコンピテンシーは、「異質な集団で交流する」です。関係性の希薄さが増し、助け合うことの必要性や他人との関係を上手に作る重要性が記されています。

人生において同質の人、すなわち

---

*1　キー・コンピテンシーとは

「コンピテンシー」は辞書を引くと、「能力・適性・成果を上げる行動特性」と訳されています。知識や技能等も含めて、一般的に「能力」と捉えると考えやすいと思います。

OECDは、キー・コンピテンシーを定義するため、1997年に「DeSeCoプロジェクト」に着手しました。それまでの国際調査に用いられた研究課題と各国の教育政策や労働政策を整理し、導き出したものがキー・コンピテンシーです。混沌とした先行き不透明な現代社会をよりよく生きるための能力として、

① 「相互作用的に道具を用いる」
② 「自律的に活動する」
③ 「異質な集団で交流する」

の3つが定義されました。日本と世界とを比較した場合、文化の違いがあるのは当然ですが、これらの力が、生きる力とは何かを考えるうえで、ヒントを与えてくれます。

同じ考え方や価値観をもった人ばかりと出会うわけではありません。異質な集団、考え方の異なる人と交流することで、自分の存在感や居場所、アイデンティティなどを確認し、共存することが可能になることを意味しています。この「異質な集団で交流する」というコンピテンシーは、まさに幼児期と児童期をつなげる連携・接続と同じと考えることができます。幼児期と児童期という異なる

ものが交わり、互いの良さを見つけ、取り入れることで、教師も子どもたちにもよりよい学びが生まれます。

接続の気運の高まり

連携や接続の重要性に鑑み、これまで幼児教育や小学校教育において、次のような取り組みが行われてきました。

まず幼児教育ですが、平成17年2月に、国立教育政策研究所教育課程研究センターにおいて指導資料「幼児期から児童期への教育」が作成されました。当時私は小学校の教頭という立場で、作成委員の一人に選ばれていました。このときは接続という考え方がまだ出されておらず、連携を中心にその内容がまとめられました。

また、平成18年から始められた文部科学省の施策「幼児教育振興アクションプログラム」においても、発達や学びの連続性を踏まえた幼児

教育の充実が取り上げられ、各都道府県において少なくとも1例以上、幼小間の長期にわたる派遣研修もしくは人事交流を実施するという内容が示されました。さらに、平成19年の学校教育法改正においては、目的として、「義務教育及びその後の教育の基礎を培う」ことを明記するとともに、平成21年度から全面実施された幼稚園教育要領や保育所保育指針において、幼小接続に関して相互に留意する旨が示されました。平成21年3月には、文部科学省と厚生労働省が共同で、「保育所や幼稚園等と小学校における連携事例集」を作成し、幼小連携の推進を図る取り組みを重点的に行いました。

そして、平成22年に「幼児期の教育と小学校教育の円滑な接続の在り方に関する調査研究協力者会議」が文部科学省幼児教育課で行われ、接続に関する内容がまとめられたのは前述した通りです。さらに、平成25年7月には幼稚園教育指導資料第1集「指導計画の作成と保育の展開」が改訂され、小学校の教育課程との接続と指導計画の項目が記されました。

続く平成27年からは、国立教育政策研究所において、「幼小接続期の育ち・学びと幼児教育の質に関する研究」が行われ、幼小接続について議論が交わされ、報告書もまとめられました。私はいずれの会議にも

作成委員や調査委員として参加させてもらいましたが、国をあげて小学校への接続を重視していることを肌で感じることができました。幼児教育にとって小学校への連携や接続はまさに重要課題であり、今回の改訂においても優先すべき課題として掲げられていることは周知の通りです。

　一方、小学校教育においても連携・接続の重要性は高まってきています。平成10年に行われた学習指導要領の改訂では、「総則」において、他校種との連携の必要性のなかに幼稚園との連携や交流を図ることが明示されました。平成20年の改訂では、「総則」のみならず、指導計画の作成と内容の取り扱いにおいて、生活科や国語科、音楽科や図画工作科の教科で、特に第1学年において幼児教育との関連を図ることが明示されました。

　また、今回の改訂では、総則に「学校段階等間の接続を図る」として、次のことが明記されました。

● 幼児期の終わりまでに育ってほしい姿を踏まえた指導を工夫することにより、幼児期に育まれた資質・能力を踏まえた教育活動を実施し、児童が主体的に自己発揮しながら学びに向かうようにすること
● 低学年において、教科等間の関連を積極的に図り、幼児期及び中学年以降との円滑な接続が図られるよう工夫すること
● 特に、入学当初においては、幼児期において遊びを通して育まれてきたことが、各教科等における学習に円滑に接続されるよう、生活科を中心に、合科的・関連的に指導の工夫等を行うこと

　このように具体的な内容が書き込まれたことは、接続を進めるうえで大きな前進と言えます。

　それに先立ち、平成27年には、「スタートカリキュラム　スタートブック」が作成・配布されました。連携や接続の課題は、小学校教育においても最重要課題として位置づけられています。

2 なにをつなげるのか

改訂により明確になった「つなぐもの」

　新しい幼稚園教育要領や小学校学習指導要領等において、幼児期から高等学校にまたがって、次の共通した３つの資質・能力を育てることが明記されました。
　１．「知識及び技能」
　２．「思考力、判断力、表現力」
　３．「学びに向かう力、人間性等」
　校種を問わず、同じ視点、同じ資質・能力、同じ教育観・教育理念・評価観で子どもを育てることがうたわれたのです。これまでは幼児教育、小学校教育等において教育要領や学習指導要領がそれぞれに編成されてきましたが、今回は、幼児教育から高等学校まで、共通するこの３つの柱で１本に貫かれたことになります。これは、日本の教育史のなかで初めての試みといえます。今後ますます校種間の連携や接続が問われる時代となり、つながることが重要となったのです。

資質・能力の３つの柱

　この３つの資質・能力をわかりやすくまとめたものが35ページの図です。幼児期は、まだ人間形成の基盤となる時期なので、「知識及び技能の基礎」「思考力、判断力、表現力等の基礎」のように、基礎という文字で表現されています。ただし、「学びに向かう力、人間性等」では、児童期以降とまったく同じ表現がなされています。幼児、児童、生徒という名称の違いはあるものの、同じ資質・能力を育てようとする新しい方向性が打ち出されたことは大きな前進です。

●幼児教育において「育みたい資質・能力」の3つの柱

小学校以降

知識及び技能	思考力、判断力、表現力等	学びに向かう力、人間性等

幼児教育（環境を通して行う教育）

知識及び技能の基礎
（感じたり、気づいたり、わかったりできるようになったりする）

・基本的な生活習慣や生活に必要な技能の獲得
・身体感覚の育成
・規則性、法則性、関連性等の発見
・様々な気付き、発見の喜び
・日常生活に必要な言葉の理解
・多様な動きや芸術表現のための基礎的な技能の獲得
等

思考力、判断力、表現力等の基礎
（考えたり、試したり、工夫したり表現したりする）

・試行錯誤、工夫
・予想、予測、比較、分類、確認
・他の幼児の考えなどに触れ、新しい考えを生み出す喜びや楽しさ
・言葉による表現、伝え合い
・振り返り、次への見通し
・自分なりの表現
・表現する喜び
等

遊びを通しての総合的な指導

・思いやり
・安定した情緒
・自信
・相手の気持ちの受容
・好奇心、探究心
・葛藤、自分への向き合い、折り合い
・話合い、目的の共有、協力
・色・形・音等の美しさや面白さに対する感覚
・自然現象や社会現象への関心
等

学びに向かう力、人間性等
（心情、意欲、態度）

知的な力

情意的な力

（文部科学省「幼児教育部会における審議の取りまとめ」より一部改変）

第2章 「連携」から「接続」へ

学びに向かう力

　学びに向かう力とは、「心情、意欲、態度が育つなかで、よりよい生活を営もうとする」のような定義がなされています。幼児期においては、思いやり、安定した情緒、自信、好奇心、自己抑制、自己発揮、協調性、がんばる力、持続力、集中力などで構成されており、友達と協力する、物事をあきらめずに挑戦するといった「これからの子どもたちに求められる学び」にもつながるものと考えられます。

　この学びに向かう力は、今回の改訂で示された「幼児期の終わりまでに育ってほしい姿」とも密接な関係があります。

幼児期の終わりまでに育ってほしい姿

　幼児期から児童期への連携や接続を進めるためには、幼児期の遊びのなかの学びを教科等の学びにつなげることが鍵となります。しかし、遊びのなかの学びを捉えることはそれほど簡単なことではありません。それゆえに、幼児教育に携わる保育者が幼児期の学びを明確にし、言語化したり可視化したりして伝えていくことが必要となります。そういう意味では、今回の改訂で、「幼児期の終わりまでに育ってほしい姿」が示されたのはよいチャンスです。

　ただ、今回示されたこの幼児期の終わりまでに育ってほしい姿は、あくまでも姿なのであって、ねらいや内容ではありません。幼児教育のねらいや内容は、これまでと同じよう

に5領域で示されるので、この関係性についての理解を深めることも大切です。

さらに、今回の改訂では、幼稚園、保育所、幼保連携型認定こども園の整合性を図ることが示されていることも重要なポイントです。それはつまり、幼児期に、幼稚園、保育所、幼保連携型認定こども園のどの園を修了しても、幼児期にふさわしい育ちと学びが見られるようにするということです。幼稚園教育要領や保育所保育指針、幼保連携型認定こども園教育・保育要領のねらいや内容をいっそう近づけたのもそのためです。3園種の区別なく、幼児教育の質そのものを上げる素地が整えられたと言えるでしょう。

● 幼児期の終わりまでに育ってほしい姿

3 「遊び込み」から「学び込み」へ

「遊び込む」ことの大切さ

　ここまで、幼児期から児童期にかけての「つなぐべきもの」について、資質・能力の3つの柱を中心に見てきました。それをもっと具体的に言うと、どのようなことになるのでしょうか？

　私は、「遊び込むこと」が大きく関わっていると思います。OECDのコンピテンシーの1つ目（29ページ参照）とも関連しますが、対象に自ら働きかけ、試行錯誤をしながら、時間を忘れて、没頭して遊び込める幼児は、児童期での教科学習にも主体的に関わることができるようになります。幼児期に砂場で夢中になって遊んだり、草花や虫に関わったり、遊びを多様に展開できる幼児は、児童期になって生活科や理科の学習にスッと移れるでしょう。絵本や童話などが好きで物語や空想の世界で想像やイメージを広げたり、相手の気持ちに寄り添って話したりできる幼児は、スムーズに国語の学習に入れるでしょう。また、積み木を並べたり積み上げたり数えたりするのが得意だったり、図形に興味を示し、折り紙で時間を忘れて遊んだりできる幼児は、算数の学習になめらかに移行できるでしょう。

　このように、幼児期の遊び込みは、児童期になってからの学び込みにつながります。「遊び込み」から「学び込み」へは、幼児期と児童期をつなぐ重要なポイントです。

幼児教育と小学校教育の違い

しかし、実際はそう簡単ではありません。幼児教育施設と小学校では学ぶスタイルや指導方法、評価が異なるからです。

幼児期の教育は遊びを中心とし、環境を通して行われます。保育者は環境の整備に心を配り、幼児と環境との豊かな出会いを仕組みます。幼児の心情を読み取り、一人ひとりの思いや行動に寄り添います。幼児は、生活のなかで見つけたおもしろいことや楽しいこと、発見や疑問から、やりたいことを選び、思う存分遊ぶことで、さまざまなことを学びます。

一方、小学校では教科書を通しての学習が中心で、学ぶべきねらいや内容は学習指導要領によって定められています。1時間1時間が細分化されて、時間割や日課表、指導計画などをもとに計画的に学習が進められます。ねらいや内容をスモールステップで積み上げていく学びの客観化が特徴です。そのため評価も明確で、児童の学びを客観的に捉えます。

こうした違いが幼児教育と小学校教育間の壁、溝、段差と呼ばれているもので、この違いにより小学校に入学した児童が、とまどいや混乱を起こすことがあります。ときには不適応を起こし、いわゆる小1プロブレムに発展する場合もあります。この幼児期から児童期にかけての段差や壁、溝を取り除き、幼児期と児童期をつなげ、なめらかに小学校生活をスタートできるようにすることが、保幼小の連携・接続です。

では、この違いとは具体的にどのようなものなのでしょうか？　違いが見えないと解消することはできません。以下、2つの具体的なエピソード「描きたくないもん！」「かぶとむしの木くず」をもとに、教育観や評価観の違い、表現の違い、環境構成の違いについて考えてみましょう。

第2章　「連携」から「接続」へ

エピソード記録 ❶

5歳児 5月ごろ 「描きたくないもん！」

　平成18年の4月下旬、幼小交流活動でざりがにつりに出かけました。5月に入り、楽しかったざりがにつりを絵で表現することにしました。まだ幼稚園に赴任して間もない私は、「どんな絵を描いてくれるのだろう？」と期待しながら、前日に筆や絵の具、パレットなどを用意しました。

　翌朝、登園した子どもたちは、絵の具や画用紙などを見つけて、「先生、今日は絵を描くの？」と尋ねます。「そうだよ、ざりがにつりの様子を描いてみたらと思って…」と伝えると、かばんを片づけた幼児から絵を描き始めました。絵画活動は順調に始まったかのように思えました…。

　ところがです。あとから登園した男児数名が、「描きたくないもん！」「僕たちサッカーしてくる」と保育室から出て行ってしまいました。私は一瞬、なにが起こったのかわからず、あっけにとられました。なぜなら小学校の図工の時間に、「描きたくない」と言って教室から出て行く子どもは一人もいなかったからです。園内放送で呼び戻したり、無理矢理描かせたりできない私は、目の前で起こった出来事にとまどうことしかできませんでした。

　そのとき、ベテランの佐々木先生（現・附属幼稚園長）が保育をしている隣のクラスでは、みんなが楽しそうにざりがにの絵を描いていました。それは私にとって、とてもショッキングな出来事でした。

事例から見える"学び"

描きたい気持ちに導く仕掛け

　私のクラスと隣のクラス、なぜこのような違いが生まれたのでしょうか。

　幼児教育では、絵を描く際は、楽しく描けるようにするための仕掛けがあります。例えば、ざりがにつりに出かける以前に、子どもたちといっしょにざりがにの絵本を読み合ったり、「ざりがにのはさみは？」「しっぽは？」などと、図鑑も併用して詳しく観察しながら、その特徴について話し合ったりします。そして絵を描く前日には、「じゃあ、あしたはざりがにを描いてみよう」などと伝えておくのが、幼児教育の代表的な方法なのです。このような流れのなかで、ゆっくり時間をかけて生活体験と表現活動を結びつけ、ざりがにに興味をもって描きたくなるような気持ちに導いていくことを大切にします。

　ところが小学校では時間割があり、教科や学習内容が多岐に及ぶので、児童にゆっくり伝えることがなかなかできません。言い訳になってしまいますが、多くの場合、「あした準備しておいてね」と簡単に伝えて当日を迎えるなど、ていねいな導入が難しい状況があります。

　そのときも、私は朝になっていきなり、ざりがにを描くことを伝えたのです。ここに、幼児教育と小学校教育の大きな違いがあります。絵の出来映えや描く技能のほうに目がいき、描きたい気持ちにさせることができずにいたのが当時の私でした。

幼児が夢中になれる環境を整える

　さて、話を元に戻しますと、その日、途方に暮れた私は、子どもたちが帰ったあとの保育室で、「どうして描いてくれなかったのだろう？」と、自分で何枚もざりがにの絵を描きました。すると、ざりがにを描くことがいかに難しいことであるかがわかりました。同時に何枚も描いているうちに、ざりがにの形状が三角形や四角形の集合体であり、それを意識して描くことで、意外と簡単に描けることもわかってきました。

　そして翌日、描いた絵を子どもたちに見せながら、「こうやって描くとざりがにが簡単に楽しく描けたよ」と伝えたところ、描こうとしなかった子どもたちもおもしろがって、ざりがにの絵を描き始めました。次ページの写真がそのときのざりがにの表現です。

第2章　「連携」から「接続」へ

描きたくないといって出て行った子どもたちは、描くことに心が向いていなかったからにほかなりません。あるいは描くことを前日までに伝えていなかったので、やりたいことがほかにあったのかもしれません。急に言われてもなかなかできないのがこの時期の発達段階です。このように、ざりがにの絵画は、表現の意味や必然性を学んだ忘れられない経験となりました。

　私はそれまで、小学校教育を英単語で例えると助動詞の「must（ねばならない）」、幼児教育を「may or maynot（してもよいが、しなくてもよい）」と捉えていたように思います。そのことを当時いっしょに勤めていた佐々木先生に尋ねたところ、「どちらでもありません。幼児教育はすることが"望ましい"のです。保育者はその望ましさを吟味しつつ、幼児とともに志向し創造していくのです」と明確な返答をもらったのでした。

　なるほど、幼児が夢中になれるような環境や教材を整えることが、保育者にとっての命題になるわけです。主体性を発揮し表現する喜びを味わえるようにするためには、保育者の支援や働きかけが不可欠であり、思わず表現してしまったり、表現したくて仕方がなくなったりするような場作りが、大切にされるべきだったのです。幼児の行為から、"寄り添う"ことの内実や"幼児期の表現"の意味も学ぶことができました。

どんな絵を描こうかなあ

「描きたくないもん！」と保育室を出て行ってしまった子たちが、翌日に描いたざりがにの絵

エピソード記録❷

5歳児 5月ごろ　「かぶとむしの木くず」

　5月の下旬、附属幼稚園に足を運んだ際の出来事です。

　園舎の西側にある5歳児保育室の横に、森のレストランと呼ばれている幼児の憩いの場所があります。決して広くはないのですが、ヒバの木の上部に空いたスペースがあり、木漏れ日の中で木登りを楽しんだり、ごっこ遊びをしたりする格好の遊び場です。何気なく撮ったのが下の写真ですが、幼稚園に遊びに来た1年生の姿が写っています。

　本園・校では、日常的に幼児と児童が園庭と運動場を行き来していて、このような場面は決して珍しいことではありません。小学校の休み時間に校庭で行われている小学生のドッジボールやおにごっこなどに、幼児が交じっている姿を見ることもあります。

5歳児保育室の脇にある「森のレストラン」は、木漏れ日のもとで遊べる幼児たちの憩いの場

さて、午前10時ごろだったでしょうか、5歳児山組の男児2名が、森のレストランでなにやら大きな音を立てていました。なにをしているのかと様子を見ると、一人は金づちを、もう一人は握り拳3つほどもある大きな石を手にしていました。足下には、どこで拾ってきたのか直径が10cm、長さ40cmほどの丸太が置かれていました。二人は、その丸太をそれぞれ金づちでたたいたり、石をぶつけたりしていました。繰り返し繰り返し、時間にして30分以上続けていたのではないでしょうか、二人とも汗をにじませています。単に木をつぶして遊んでいるのか、遊び道具を作っているのか、中にいる虫を追い出そうとしているのか、それにしては、夢中になって長い時間続けていました。二人に理由を尋ねてみると、「木くずを作って、かぶとむしのケースに入れる」とのことでした。

丸太に金づちや大きな石を振り下ろして
木くずを作っている5歳児

事例から見える"学び"

幼児の意図を理解し、とことん任せる

なるほど、幼児の行為には必ず意図があることを教えてもらったエピソードでした。

その場面だけを見ると、特に大きな石をぶつけている行為は、「危ないからやめなさい」と止めてしまいがちです。実際に、遊んでいたほかの5歳児や3歳児も周囲にはいました。あとで、この場面について担任の保育者と話したら、「幼児たちがかぶとむしのことを考えてやっていることなので、任せていました」とのことでした。きちんと幼児の様子を把握し、気にかけ、そのうえであえて任せたところに、保育の質を見ることができます。おそらく、それ以上のことをやってけがをすると考えた場合は、止めさせたに違いありません。

幼児の意図を知り、あえて見守り、とことん任せてみることも、保育にとっては大切なことです。そうした保育者の行為が、丸太や石を豊かな教材や環境として成立させることになります。

二人の幼児は、見つけたかぶとむしを育てるために、自ら金づちや石、丸太を準備し、木くずを作る手がかりも図鑑から導き出しました。全てが与えられたものではなく、自分たちで考え行動したものばかりです。幼児期の主体性・自主性とは、まさにこのようなことを言うので

しょう。

一方、一般的に小学校の生活科で実施されるあさがおの栽培はどうでしょう？種、植木鉢、肥料、土、砂利、支柱などが全て準備されている栽培キットが用いられることがあります。栽培キットがいけないと言うわけではありませんが、幼児期にこれほどかぶとむしに関わることができるとしたら、小学校のアサガオの栽培も、もっと違った方法があるのではないでしょうか。育てたい、花を咲かせたいという思いをもっともっと引き出し、栽培活動がアクティブ・ラーニングとなるような指導方法に改善することが求められているように感じるのです。

幼児期にできることが児童期にできないはずはありません。連携・接続の本質的な変革の鍵がここにあるように思えてなりません。

4 遊びのなかの「学び」を捉え、小学校へつないでいく

どのように「育ってきた」のか、そしてどのように「育っていく」のか

　平成22年度に出された「幼児期の教育と小学校教育との円滑な接続の在り方に関する調査研究協力者会議」（文部科学省）の報告書には、教員同士や子ども同士の交流を連携と捉える一方、教育課程の連続性を接続と捉えていることは前述した通りです。

　本報告書にはキーワードが2つあります。その1つが、「幼児期から児童期にかけてどのように育ってきたのか、どのように育っていくのかを両者で明らかにする」ことです。別の言い方をすれば、子どもの過去と未来を両者でいっしょに見つめましょうということです。言葉にすると簡単なようですが、このことを実現するためには、両者が実際に足を運び合い、それぞれの発達や成長をしっかり見つめ、お互いの教育を理解し合うことが大切となります。ただ、小学校の教員が幼児の遊びや生活をのぞく機会はまだまだ少ないので、幼児教育に携わる者が幼児教育の本質を正確に発信する必要があります。教育課程を連続させるためには、子どもの育ちや学びの姿を連続させることが大切であり、幼児期の学びが小学校につながってこその連携および接続です。

「学びの芽生え」から「自覚的な学び」へ

　もう1つのキーワードは、「学びの芽生えから自覚的な学びへ」というものです。自分で選び、夢中になって遊ぶことで学んでいる幼児期から、学習として与えられた課題を自覚的に学んでいく児童期はつながっ

ている、あるいは、つなげようとする意識をもって保育や教育にあたることが大切にされなければならないという意味です。

　言うまでもありませんが、幼児期の教育は遊びや環境を通して行われます。改訂された幼稚園教育要領の総則には、幼稚園教育の基本として、「幼児期の教育は、生涯にわたる人格形成の基礎を培う重要なものであり、幼稚園教育は、学校教育法に規定する目的及び目標を達成するため、幼児期の特性を踏まえ、環境を通して行うものであることを基本とする」「幼児の自発的な活動としての遊びは、心身の調和のとれた発達の基礎を培う重要な学習であることを考慮して、遊びを通しての指導を中心として第2章に示すねらいが総合的に達成されるようにすること」と記されており、保育所保育指針や幼保連携型認定こども園教育・保育要領にも、同様の内容が記されています。遊びが幼児教育においての生命線であり、保育者は遊びを充実させたり発展させたりするために環境を整えます。

　ただ、遊びのなかの学びが見えるのは、幼児教育の専門性を身につけた者でないと難しいという状況があ

ります。私も長年小学校教員をしていましたが、小学校においての遊びは休み時間に行われるものであり、遊びと学習は全く異なるものと考えていました。「遊び」は単に遊んでいるだけにしか見えず、遊びのなかに学びがあるなど、考えたこともありませんでした。小学校教育において重要なのは、教科書を中心とした教科学習だと考えるのが一般的なことだからです。

このように、これまで幼児教育と小学校教育の間に段差や溝があったことの原因として、遊びのなかの学びが見えにくいものであったことが考えられます。しかし、今回の改訂で、育てるべき3つの資質・能力が幼児期から高等学校まで貫かれ、幼児期の終わりまでに育ってほしい姿が示されたことは、幼児期の遊びのなかの学びをしっかりと捉え、それを小学校教育につなげていくことが求められたともいえるのです。

幼児教育と小学校教育をつなげる際、最初からすべてをつなげることは困難を伴います。そこで、まずは幼児期の5歳児と児童期の1年生をつなげることが大切であり、遊びのなかの学びを「学びの芽生え」として捉え、教科書を中心とした「自覚的な学び」にスムーズに移ることを図ったのが、改訂の大きな意味なのです。アプローチ／スタートカリキュラムを含む接続カリキュラムの作成も、連携や接続を推進させるためのものです。

次の第3章では、この「学びの芽生え」とはなにかを、第4章では「自覚的な学び」とはなにかについて、詳しく見ていくことにします。

第3章

幼児期における「学びの芽生え」とは

第3章 チャプター・プレビュー **この章を読む前に**

「学びの芽生え」って、なに？

遊び込んでいるときに見られる姿

- 興味・関心
- 気づき
- 発見
- 工夫
- 集中力
- 意欲
- 挑戦
- 試行錯誤

幼児は「遊び」のなかで実にいろいろなことを学んでいます。

夢中になって遊びに没頭している（＝遊び込んでいる）ときに、「学びの芽生え」は獲得されている。

学びの芽生え
- 言葉のやりとり
- 協調性
- 数量の感覚
- 表現の方法
- 人間関係の調整能力
- などなど

「遊び」の中にある「学び」
＝
「学びの芽生え」

学ぶということを意識しているわけではないが、楽しいことや好きなことに集中することを通じて、さまざまなことを学んでいくことが「学びの芽生え」です。

「学びの芽生え」は「教科」につながっていく

幼児は、遊びや生活のなかで「感覚」や「概念」を育んでいます。

「算数」につながっていく

「国語」につながっていく

そっか、「遊び」っていっても、ただ遊んでいるわけではないのね。

「学びの芽生え」をつないでいくことが大切なのね。

第3章 幼児期における「学びの芽生え」とは

1 幼児教育の特質と「学びの芽生え」

なぜ「芽生え」と付いているのか

　最近よく「学びの芽生え」という語句を目にしますが、どのようなことを意味するのでしょうか。第2章で紹介した接続に向けての報告書のなかには、次のように書かれています。〈「学びの芽生え」とは、学ぶということを意識しているわけではないが、楽しいことや好きなことに集中することを通じて、様々なことを学んでいくことであり、幼児期における遊びの中での学びがこれに当たる〉と。

　学びという言葉に「芽生え」を付けたのは、小学校の学習における「学び」とは少し意味が違うというニュアンスを表したかったのだと思います。文部科学省幼児教育課が平成13年に作成した指導資料「幼稚園における道徳性の芽生えを培うための事例集」にも、「芽生え」という言葉が使用されています。いずれも遊びのなかから芽生える（生まれる）柔らかくてふわっとしたものだというようなことを表したかったのでしょう。それは、遊びにおける楽しさから生まれる興味や意欲であったり、遊びに熱中する集中心であったり、遊びのなかでの気づきや発見であったりします。

　私は、「学びの芽生え」も、「学び」そのものも、その区別自体にそれほど大きな意味はないと考えています。大切なのは、遊びのなかにある学びをしっかりと捉える姿勢を、保育者がもつことなのです。

遊びのプロセスに見られる「学びの芽生え」

　幼児教育の本質は、環境を通した遊びにあります。幼児は、体全体で対象に向かい、夢中になって遊ぶとき、見たり触れたり感じたり考えたりすることで、五感を精いっぱい働かせます。失敗や試行錯誤を重ねながら、時間を忘れて没頭している姿こそ、遊びの本質です。

　その際、なにをして遊ぶかも大切ですが、遊びをどのように作り出し、「学びの芽生え」を育むかということも重要です。そのためには、幼児が草花や木の葉、空き箱や厚紙などの環境に、どれだけ自ら働きかけたかが大切です。

　幼児が自ら作る遊びには、なにをして遊ぶ、誰と遊ぶ、いつから遊び始める、いつまで遊ぶ、どんな材料や道具を準備するか、それはどこにあるのか、どれくらい必要なのかなど、考えなければならないことがたくさん生じます。遊びが思考を深め、イメージや「学びの芽生え」を形成するゆえんがここにあります。これら遊びのプロセスに、幼児期の「学びの芽生え」がふんだんに存在します。

「学びの芽生え」は乳児期から見られる

　「学びの芽生え」は、幼児期だけに見られるものではなく、乳児期から見られるものです。人は、生まれたときから知覚や感覚等を精いっぱい働かせ、外界に向かっていきます。過去、現在、未来がつながってこそ、「学びの芽生え」、ひいてはこの時期の遊び、そして生活全体が見えてきます。幼児期につながる乳児期における「学びの芽生え」や「学びに向かう力」をしっかりと捉え、育む意識をもつことが大切です。

　　　　　　＊

　では、この「学びの芽生え」がどのような場面でどのように現れてくるのか、具体的に見ていきましょう。

第3章　幼児期における「学びの芽生え」とは

エピソード記録❸

5歳児 7月ごろ
「赤土のシャボン玉」

　いつものようにシャボン玉遊びを始めるＮ子。息の強弱、風向きなどでシャボン玉の大きさや量に違いがあることを、少しずつ感じ始めています。この日は園庭の赤土の量をいつもより増やしていたので、Ｎ子はシャボン玉を膨らませつつも気になった様子で、赤土のあたりでシャボン玉をしていました。

　そんなＮ子が、シャボン液の中に赤土を入れ始めました。赤土をストローでつぶしながらかき混ぜて、液の様子を見ます。次に、鉄棒の下に敷いてあるマットに吹きかけ始めました。

保育者「Ｎちゃん、コップの中の液の色が違うなぁ」
Ｎ子　「うん。赤土入れたんやで」
　と、かき混ぜ続けます。泡を立てずにぐるぐる回し、赤土を混ぜます。
保育者「なんで赤土を入れてみたん？」
　と尋ねると、
Ｎ子　「強くなると思った」
　と、ひとこと。
保育者「そうなんや。強いシャボン玉ができるんや」
Ｎ子　「見とってよ」
　と、得意げに何度も繰り返します。友達に知らせようと、みんなのほうに走って行って伝えていました。

　シャボン玉の液作りに興味をもち始めた段階で、図鑑などで調べる子もいて、大きなシャボン玉、たくさん出るシャボン玉を作りたい気持ちがわいていました。水を入れすぎるとすぐ消えてしまうことは知っていましたが、調べた材料を調合するだけで、そこにほかの物を加えようとする子はいなかったし、保育者自身にもそんな発想はありませんでした。

　なにをしたかったのかの問いかけに、「強くなると思った」との答えには、考えたなぁと感心しました。液になにかを混ぜてみようとは、なかなか考えつかないと思いました。その後も何度となく赤土を混ぜ、強度を高めようとするＮ子の姿がありました。
（幼保連携型認定こども園　岡田こども園の記録）

シャボン液に赤土を混ぜて強くしている

事例からわかる"学びの芽生え"

「やってみよう」「試してみよう」が大切な「学びの芽生え」

　エピソード記録③のシャボン玉遊びのなかに、どんな「学びの芽生え」があるのでしょうか。まず、どれくらい吹けば膨らむか、吹きすぎるとシャボン玉が壊れてしまうことを、必然的に学んでいます。優しく吹いたり強く吹いたりして、成功した際には、興味や意欲もいっしょに膨らむことでしょう。

　また、N子は、いつもと違う園庭の変化にも気づいています。この日はいつもより多く赤土が置かれていました。その変化を見逃さなかったことに、土への興味・関心があったことがうかがえます。

　さらには、割れない強いシャボン玉を作ろうと赤土を入れたことは、さながら理科の実験のようであり、科学的な思考の芽生えとも言えるでしょう。実際に、割れないシャボン玉ができるかどうかよりも、「やってみよう」「試してみよう」とした工夫や挑戦、試行錯誤が、この時期の大切な「学びの芽生え」です。

　記録をとった担任保育者がN子の遊びに気づき、「おもしろいことに気がついたね」と声をかけると、N子はうれしそうにその場にいた友達に伝え、帰りの会でみんなに紹介することもできたそうです。それは、自己表現や自己発揮そのものです。

　この遊びに見られた「学びの芽生え」を、幼児期の終わりまでに育ってほしい姿に合わせて考えるなら、「豊かな感性と表現」「思考力の芽生え」「自然との関わり」「言葉による伝え合い」などがあてはまるでしょう。幼児期の何気ない遊びのプロセスに、これほどたくさんの「学びの芽生え」が含まれていることがわかります。

第3章　幼児期における「学びの芽生え」とは

エピソード記録❹

5歳児 5月ごろ
「石けんの色水遊びから レストランごっこへ」

　「学びの芽生え」は特別なものではなく、どこの幼児施設でも日常的に見られるものです。幼児たちが夢中になって遊ぶなかで、「学びの芽生え」は生まれています。

　下の写真は、5歳児が石けんをおろし金ですり下ろし、色をつけて色水遊びをしている場面です。どこの園でも、初夏の季節に見られる活動です。子どもたちの会話を聞いてみましょう。

　　　　　＊
「きのうの色水遊び、楽しかったね」
「きょうもババロアを作ろうよ」
「うん、やろうやろう」
「藍の葉っぱやマリーゴールドも使えるかなあ？」
「どんな色にしようかなあ？」
「泡立て器も使おう」

　と、園内からさまざまな道具や材料などを集めてきます。その分担も見事で、泡立て器、ボウル、おろし金、石けん、カップ、すり鉢、すりこぎ棒などを、ものの5分もしないうちにそろえてきました。

「きょうは、どんな色にしようか？」

どんな色にしようか？

「ヨウシュヤマゴボウが実っていたから、ぶどう色にしよう」
「藍の葉っぱも茂っていたよ」
　と、すり鉢にとってきたヨウシュヤマゴボウの実や藍の葉などを入れて、つぶし始めます。
　同時に、別の女児は、石けんをおろし金ですり始めました。二人の作業が完了したあとで、ボウルに入れて混ぜ、もう一人の女児が、一つひとつのカップにていねいに入れていきます。
「たくさんできたね」
「ババロアのお店を出そうか？」
「わたしメニューを作るから、だれかお店のかんばんを作って」
　次々と遊びは進んでいきます。
　　　　　　＊
　下の写真が、削った石けんを泡立て器で攪拌（かくはん）して作った料理と、その際に自分たちで書いたレストランのメニューです。メニューには、つぼみよぐるーと（ヨーグルト）、レモンおむらいす、レモンすーぷ、あさのもーにぐてしょく（モーニングていしょく）、お花てしょく（ていしょく）という文字が並んでいました。

削った石けんを泡立てて作った料理　　自分たちで書いたメニューの文字

第3章　幼児期における「学びの芽生え」とは

事例からわかる"学びの芽生え"

遊びのなかに学びあり

　大根をおろすおろし金で石けんを細かくし、泡立て器で攪拌するとメレンゲ状に変わるという、石けんの変様を楽しんでいました。ヨウシュヤマゴボウの色水作りから、泡に色づけすることを思いつき、ヨウシュヤマゴボウのババロアにしたり、お皿にふんわり盛りつけたり、草花をトッピングしたりして、レストランごっこに発展しました。

　幼児は、水の量をどれくらいにすればよいか、どれくらいの時間攪拌すればよいか、気に入った色をつけるにはどの草花を選べばよいか、どんな道具を使うとほどよい具合になるかなどを、遊びのなかで経験し、学んでいきます。「思考力の芽生え」や「自然との関わり」です。固体の石けんが水を媒介にすることで泡状に変わることなどは、物質の変化や科学的な法則性などを無意識のうちに学んでいるとも言えるでしょう。3人が役割分担し、それぞれに自分で考えたり工夫したりしながら、協力し合っている姿は、「協同性」であり、「自立心」と言えるでしょう。遊ぶ際に交わされている会話は、「言葉による伝え合い」です。

　幼児が何気なく遊んでいるごっこ遊びのプロセスに、こんなにたくさんの「学びの芽生え」が見られます。同時にそれは、幼児期の終わりまでに育ってほしい姿の発露であり、児童期以降につながる3つの資質・能力である「知識及び技能の基礎」「思考力、判断力、表現力等の基礎」「学びに向かう力、人間性等」と言えるでしょう。幼児期の「遊び込む」ことの大切さや「学びの芽生え」の大切さがわかります。

文字を使う必然性

　レストランごっこのとき、「先生も食べにきて」と言うので行ってみました。かたわらに置いてあったメニューに、私は感動を覚えました。確かに表記としては間違っている箇所もありますが、作った料理をみんなに知ってほしい、食べてほしいという願いを込めて書いた文字の、なんてすてきな表現なのでしょう。

　まさに、「文字などへの関心・感覚」であり、「言葉による伝え合い」の表出と言えます。

　「レモン」にはきちんとカタカナが使用され、「花」に至っては、漢字で書かれていることにも驚きました。しかも、「花」には、ちゃんと「はな」とふりがなまで書かれています。それは、いっしょ

に遊ぶ3歳児や4歳児にも読めるようにと考えたうえでの配慮なのです。これらは、「社会生活との関わり」や「道徳性・規範意識の芽生え」「協同性」とも呼べるでしょう。幼児たちは生活のなかで、ひらがなはもとより、カタカナや漢字も必用に応じて使用しているのです。幼児期に文字と出会っていること、遊びや生活をおもしろくするために知識を総動員して文字を使用していること、自分たちの思いを伝えるために文字を必然的に使っていることなどを、このエピソードから読み取ることができます。

幼児期の学びを踏まえた国語の授業を

　一方、小学校でのひらがなの学習はどのようになっているでしょうか？　私も1年生の担任を8回経験しましたが、国語科におけるひらがなの習得は、一般的に教科書やノートを使用し、「覚えましょう」「書きましょう」であることが多いように思います。もちろん、それがいけないと言っているわけではありません。しかし、エピソード記録④「石けんの色水遊びからレストランごっこへ」のように、遊びのプロセスで夢中になって文字を駆使している幼児の姿を目の当たりにすると、小学1年生の国語の学習のあり方も、「伝えたい」「書いてみたい」という思いを大切に、なにから、どのように始めれば児童が夢中になれる学習の場を作ることができるのかを考えることが、重要なのではないかと思います。

　同時に、このようなエピソードを通して、幼児期にある「学びの芽生え」の姿を伝えることをもっとしっかり発信していくことが、幼児教育に携わる人たちにとっての使命と言えます。

第3章　幼児期における「学びの芽生え」とは

エピソード記録 ❺

3歳児 7月ごろ

「道が違うんかなあ？」

　学びの芽生えは5歳児だけに見られる特有なものではなく、3、4歳はもとより、乳児期にもあるものです。ここで紹介するエピソード記録は、3歳児の事例です。

＊

　7月当初、園庭の東側にあるモニュメント「大地の子」という石畳の前で、3歳児が遊んでいました。石畳は直径5mほどの円すい形で、中央が低くなり、夏には水をためて遊べる憩いの場でもあります。

　しばらく見守っていると、一人の男児が、ペットボトルに入れた水を石畳に少しずつ流していました。水は自然に、くぼんだ円すい形の中央にゆっくりと流れていきます。流れる様子がおもしろいのか、水がなくなったら、また水道まで行き、水を入れては流しています。それを何度も何度も繰り返しているのです。流れていく水の行方を追いながら、「あ、曲がった」「左へ行った」「今度は右」「いつも同じほうへ行くなあ」とつぶやいている姿に、楽しみながらじっくりと観察している様子が見てとれました。

＊

　途中、そばにいた私が、「水がこっちにこないなあ。どうしてだろう？」と伝えてみると、「道が違うんかなあ」という言葉が返ってきました。なるほど、彼らにとっては単なる石と石の隙間ではなく、道という認識があったのです。いったいどれくらい長い時間その場にいたのかはわかりませんが、そこには3人だけが共有している濃い時間がありました。

石畳に水を流して水の行方を確かめる

> 事例からわかる"学びの芽生え"

幼児に備わる「遊びを創造する力」

　彼らにとっては何気ない遊びかもしれませんが、夢中になって遊びながら、水はいかようにも形を変えられる、高いほうから低いほうへと流れる、壁に沿って流れる、多すぎるとあふれる、質量は変わらないなど、たくさんのことを3歳児たちが学んでいる様子がうかがえました。誰に教わるでもなく、自分たちで始めた遊びのなかで、科学的な見方や考え方、自然の摂理などを学んでいる姿に、幼児期の遊びの豊かさを教えてもらいました。このようなことは、必然的に小学校の生活科や理科にもつながっています。

　もう一つ感心したことは、水とペットボトル1個で、3人が夢中になって遊んでいたことです。というより、既製のおもちゃや遊具などではなく、ペットボトル1つで遊びを創り出したこと、クリエイトしたことに驚きました。大人にとっては何気ない遊びでも、幼児にとっては、水や石畳との関わり、3人の出会いや関係性、気候や園の環境などがそろって初めて生まれた遊びです。そういう意味では、世界に一つだけのオリジナルな遊びだったのではないでしょうか。

　長年、小学校に勤めていた私のなかには、「遊ぶ」という言葉はあっても、「遊びを創る」という言葉はありませんでした。幼児には、自然や環境と触れ合うことで、遊びを創る力が備わっています。保育者は遊びを見守ることはもとより、幼児とともに遊びを創ることを心がけることが大切です。それが、遊びを育て、さらに発展させることにつながるのでしょう。

第3章　幼児期における「学びの芽生え」とは

2 「学びの芽生え」は小学校の教科につながる

遊びや生活のなかで育つ数量への関心や感覚

　遊びのなかで必然的に文字を使用するのと同じように、幼児期には遊びや生活のなかで数字や図形を使ったり、使うことで関心や感覚が育まれたりします。それは、数量や図形における「学びの芽生え」と呼べるでしょうし、幼児期の終わりまでに育ってほしい姿では、「数量や図形などへの関心・感覚」にあてはまります。

　日常的によく見られるお店屋さんごっこでは、品物に値段がつけられ、10や100などの数字が使われます。特に高価な品物には、10000000…のように、0が際限なく続いていることもあります。0をたくさんつけると数量が大きくなることを感覚として知っていて、共通の認識として使っています。

　また、「18個並べたよ」のように、ドミノや積み木などを並べて数や高さに興味を示すこともあれば、サッカーで、「5対3だから2点勝ってる」「4対1だから3点負けてる」のように、得点を競っている姿なども見られます。

幼小の数量の感覚や学び方の違い

　3歳児が腕時計を作り、誇らしげに腕に巻いている場面を見たことがありますが、文字盤の中に小さな数字が書かれていました。数量は生まれたときから生活に溶け込んでいるものであり、幼児も身近に感じているものです。遊ぶなかで数量や図形などに親しんでいくのが幼児期なら

ば、数量や図形などを段階的に取り出して学んでいくのが小学校です。

幼児期には、立式したりノートや黒板に書いたりすることはしなくても、数えたり、足したり引いたりすることを、生活に生かしています。

小学校の算数のように、段階的に少しずつ学んでいくということはありませんが、必要や状況に応じて数や形にこだわり、自然と数量や図形への関心や感覚を高めているのが、幼児教育の特徴だと言えるでしょう。

こいのぼりの製作から算数科の学習へ

右の写真は、4月にこいのぼりを作っている5歳児の様子です。毎年この時期になると、どの園でもこいのぼりを作って空に泳がせる光景が見られます。私が附属幼稚園に初めて勤め、5歳児の担任をしたときも、こいのぼりを作って楽しみました。

こいのぼりは、幅70cmほどの筒状のビニールを使用して作られ、全長2mほどになる大きなものです。実際のこいのぼりの大きさを体感したり、空に泳がせたときの大きさと比較したりできることにも感心しました。しかしそのあと、こいの

ぼりを作る過程に、数量や図形を楽しみながら学べる工夫が盛り込まれていることに驚くことになります。

私自身、幼稚園でこいのぼりを作

製作過程に、数・量・図形を学ぶ工夫が

ることは初めてだったので、隣のクラスを担任していたベテランの先生にアドバイスをもらいながら、子どもたちといっしょに作りました。

まず、長いビニールを長方形に切ります。「長いなあ」「ながしかくに切るのかな？」「そう、長方形とも言うんだよ」と話しながら、2mほどの長さに切ります。柔らかいビニールをまっすぐに切るのは難しく、四苦八苦しますが、困難はやがて満足感や達成感に結びつきます。

そのあとは、尾びれの部分を三角形に切り取ります。「三角形に切るんだよ」「三角のこと？」「そう、三角のことを三角形とも言うんだよ」と話しながら切っていきます。

次は、色とりどりのビニールを円に切り取り、切った円をさらに半分に切って、うろこを作ります。「8

枚切れた」「僕は、16枚切ったよ」といったように、1枚1枚ていねいに切りながら数えることになります。1枚ずつ切っている幼児がほとんどでしたが、なかには、ビニールを重ねて切るとたくさん作れることに気づき、何枚かのビニールを重ねて切る幼児もいました。重ねながら、「1枚が2枚、2枚が4枚…」とつぶやいている様子に驚きました。

これはまさに、小学校算数の倍数の考え方そのものです。うろこの数を数えながら切ることは、小学校1年生の算数科の単元「20までの数」につながり、三角形に切ったり、円や半円に切ったりすることは、1年生算数科の単元「いろいろな形」につながります。決して数量や図形を教えるためにしていることではありませんが、楽しみながら必然的に感覚が養われることになります。

幼児期の遊びや活動が、小学校1年生の学習にきちんとつながっていることが理解できます。

楽しく遊びながら学んでいくプロセスに、幼児教育の奥深さを感じました。

エピソード記録 ❻

5歳児 9月ごろ　「恐竜博物館」

　9月初旬、「恐竜博物館」という遊びが生まれました。

　絵本の部屋の前に、「10じからきょうりゅうはくぶつかんをはじめます」というポスターが貼られていたので、訪ねてみました。そこには、自分が描いた恐竜や木、火山（富士山？）などの絵を貼りつけた大きなパネルが準備されていました。そして、ポスターに興味を引かれて集まった10人あまりの3、4歳児の前で、博物館の解説員になりきって恐竜の説明をしている5歳児がいました。

「では、恐竜博物館を始めます」
「これは、なんという恐竜でしょう？」
「ティラノサウルスです」
「トリケラトプスもいます」
「空を飛ぶ恐竜は誰でしょう？」
「わかりません」
「プテラノドンです。翼竜とも言います」
「どうして恐竜が空を飛ぶんですか？」
「歩いて遠くへ行くのが、めんどくさいからです」
「どうして遠くへ行くんですか？」
「それは、エサを探すために決まってるじゃないですか」
「どうして椰子の木があるんですか？」
「草食の恐竜が食べるんです」
「椰子の木は固くないんですか？」
「恐竜の歯はすごいんです」
「どうして富士山があるんですか？」
「椰子の木を育てるためにあります…」

3、4歳児の前で、恐竜の解説をする5歳児

事例からわかる"学びの芽生え"

会話のなかに見える科学性は生活科や理科につながるもの

　なんて楽しい、なんて興味を覚える会話であることでしょう。小学校教育において、言語能力やコミュニケーション力の育成が課題であるなか、幼児期にはこのように豊かな会話がなされていることに驚き、感心します。

　やつぎばやに飛んでくる3、4歳児の質問に、懸命に答えている5歳児の姿がありました。普段から恐竜が大好きで、絵本や図鑑を読んだり、粘土の恐竜を作ったりしている男児でした。「草食」や「翼竜」のような難しい言葉を知っていることにも驚きますが、会話のなかに、固い物をかみ砕くための丈夫な歯のことや、山が木を育てるかのような科学的ともいえる自然の摂理のようなものが見え隠れしていることにも感心しました。小学校以降の生活科や理科の科学性につながる事例と言えるでしょう。

　飛躍的でユニークな発想もありますが、場を和ませ、あたたかい雰囲気を作っていました。絵やポスターを描き、パネルや椅子などの会場準備も自分で行いました。それらはすべて、遊びを充実させるために考え出したことだったのでしょう。

　子どもたちが夢中になって遊ぶとき、人やもの、イメージなどのさまざまなものがつながり、豊かな世界が生まれます。子ども自身のなかにある遊び込む力やエネルギーが、豊かな思考力を育むのではないでしょうか。幼児期に見られる、伝えたいから話す、伝えたいから書く、伝えたいから自分で場の設定をする、というような力も、小学校につなげていかなければならないと考えます。

エピソード記録 ❼

5歳児 4月ごろ

「お兄ちゃんの長さか!」

4月下旬に、大きなこいのぼりを作ったときのエピソードです。

こいのぼりができあがり、空に泳がせるためのひもを結ぶことになりました。こいのぼりそのものが大きいので、結びつけるひも（スズランテープ）も、必然的に長くなります。保育者が切ったひもを準備することもできましたが、そのときは、ひもを幼児自身で切るように促しました。

「こいのぼりをつなぐひもは、自分で切るんだよ」
「どれくらい切るの？」
「自分の身長より少し長くね」
「…………」

しばらく考えたあとで、
「そうか、お兄ちゃんの長さか！」
と言って自分でひもを切りました。
「どれどれ、先生と比べてみようか」
と、切ったひもを私の背と比べてみると、私より少し長くなっていました。
すると、
「先生より高くない」
という返事が返ってきました。

こいのぼりをつなぐひもを、身長を利用して計る

第3章 幼児期における「学びの芽生え」とは

事例からわかる"学びの芽生え"

生活に根ざした身体感覚で領域や教科の内容を学ぶ

　およその目安でひもを切る幼児もいましたが、事例の幼児は、実際に自分の体にひもを当てて長さを計ろうとしました。

　このような場合、保育室にある机の長さなどと比較して、ひもを切らせることもできるでしょう。しかし、「自分の身長より少し長くね」という言葉かけにより、自分の体を用いて、長さを実感として捉える機会が生まれたのではないでしょうか。もちろん、自分の身長と比較することは予測できましたが、「少し長くね」という言葉かけに、「そうか、お兄ちゃんの長さか」という、微妙な差を兄との身長の差に置き換えて捉えようとしたことは、予測外の驚きでした。

　実際に切ってみると、今度は長く切りすぎて、私の身長より長くなってしまいました。すると今度も、「先生より高くない」と、私と兄の身長を瞬時に比較することができました。自分を基準にして、少し長いのが兄の身長であり、兄を基準にして、かなり長いのが私の身長なのです。

　このように、幼児は常に生活のなかで身体感覚で長さを捉え、長さの感覚や概念を養っていることが理解できました。比較することに必然性があり、生活のなかに息づく文脈だからこそ、長さの概念を自分のものに成し得ることが可能になります。

第4章
児童期における「自覚的な学び」とは

——

第4章 チャプター・プレビュー この章を読む前に

「自覚的な学び」とは、なにか？

小学校1年

| 幼児期 | 児童期 |

学びの芽生え → 自覚的な学び

＝ 遊びを中心にした学び　　＝ 授業を通した学習

学ぶという意識がある

集中と休憩の区別がある

自覚的な学びの姿

課題を自分のものと受けとめる

計画的に学習する

特に「入学期」に大切なのは…

● 幼児期の遊びのスタイルを取り入れた「学び」を作る

たとえば

● 活動に「具体性」や「必然性」を作る

たとえば

第4章 児童期における「自覚的な学び」とは

1 「自覚的な」とはなにを意味しているのか

「自覚的な学び」とは？

　前章で見てきたように、幼児期における学びのことを「学びの芽生え」と言いますが、それと対をなす児童期（小学校入学後）における学びのことは「自覚的な学び」と表現されます。この言葉について、文部科学省の接続に向けての報告書には、次のように書かれています。

〈「自覚的な学び」とは、学ぶということについての意識があり、集中する時間とそうでない時間（休憩の時間等）の区別がつき、与えられた課題を自分の課題として受けとめ、計画的に学習を進めることであり、小学校における各教科等の授業を通した学習がこれに当たる〉

　つまり、与えられた課題に集中して取り組む時間が、「自覚的な学び」ということになります。そして、幼児期から児童期へ至る学びの変化について、次のように続けられています。

〈幼児期は、自覚的な学びへと至る前の段階の発達の時期であり、この時期の幼児には遊びにおける楽しさからくる意欲や遊びに熱中する集中心、遊びでの関わりの中での気付きが生まれてくる。こうした学びの芽生えが育っていき、それが小学校に入り、自覚的な学びへと成長していく。すなわち幼児期から児童期にかけての時期は、学びの芽生えから次第に自覚的な学びへと発展していく時期である〉

　幼児期は、一人ひとりがそれぞれに選んだ遊びや環境を通して学ぶこ

とが中心です。一方、児童期は、学ぶべきねらいや内容が、あらかじめ学習指導要領や教育課程に定められています。時間割に基づいた国語や算数、理科や社会という教科学習のなかで、設定された課題を教科書を通して"自覚的"に学ぶことになります。

入学当初は遊びのスタイルを残して体験的に

　ここで問題なのが、従来、児童期になった途端に、一斉に学ぶ学習方法が用いられてきたことでした。そうではなく、小学校に入学したばかりの入門期には、幼児期の遊びのスタイルを残しつつ、自分との関わりを通して、体験的に学ぶことが大切にされるべきです。

　入学したばかりの1年生は、国語科は「ひらがなの習得」、算数科は「5までの数」を学習することから始まります。まだ幼さをたくさん残しているこの時期、発達や学びのなめらかな接続を図るには、幼児期の遊びに見られる意欲や好奇心、対象との関わりに生まれる気づきや発見などの連続性を図り、具体的な活動や体験を取り入れた学びを作ることが重要となります。

　以下、1年生のエピソード記録を見ながら、「自覚的な学び」の姿を、具体的に探ってみましょう。

エピソード記録 ❽

1年生 4月ごろ 「白い石で数えたよ」

　4月当初の事例です。生活科の学校探検で宝物を見つける活動を行いました。中庭の花壇に敷き詰めてある白い石を、宝物に選んだ児童がいました。「じゃあ、みんなで見に行こう」と中庭に行くと、一人の児童が花壇のタイルの上に、白い石を並べ始めました。

　見ていると、四角い小さなタイルの上に石を1個ずつ並べ、タイルと石が一対一対応になっていました。まだ入学して間もない4月の中ごろなので、算数の学習では、「5までの数」が指導内容でした。しかし、こうやって石を並べて遊んでいると、5や10でとどまったりすることはありません。予想できることでしたが、協力し合って花壇の周りに石を並べ、「115になったよ」とか、「200まで並べちゃった」と言っていました。遊んでいるようにしか見えないのですが、興味津々で正確に数を数えていました。

　ふと見ると、白い石を10個ずつのかたまりにして並べている児童もいました。数を10ずつのかたまりにする内容は、算数科6月の単元であり、100までの数は3学期の単元です。

　遊びの要素を取り入れた学習では、児童が夢中になって学習内容を主体的に進めていきます。この1年生たちが見せる姿が、自覚的に学ぶということであり、この時期の大切な学習方法となります。

花壇のタイルの上に白い石を並べてみる　　10個ずつにまとめている児童

> 事例からわかる"自覚的な学び"

"数えて遊ぶ"
幼児期のスタイルを取り入れた学び

　児童が興味をもった、並べる、数える、比べる、集める、足す、引くなどの活動を中庭で行うと、中庭の石や花壇など、学校そのものが、算数科の教材「算数セット」になりました。ほかにも窓、階段、靴箱、教室の数、あさがおやパンジーなどの花、飼育している小鳥や動物など、学校には楽しく数えられるものがたくさん存在しています。

　それ以来、中庭で白い石を数える算数科の学習を、生活科の活動と結びつけ、算数科の単元である「かずとすうじ」や「いくつといくつ」「ふえたりへったり」などの学習も中庭で行うようにしました。「5は3と2」「1と4で5」「5から3とると2」のように、実際に白い石を並べたり数えたりしながら、中庭でワークシートを使って実施する学習です。中庭での学習は教室の学習とは雰囲気が違って、私自身も気持ちがゆったりし、夢中になって数えている子どもたちも実に楽しそうでした。授業者である私は中庭の中央に位置し、赤いボールペンで、「よくできたね」「全問正解！」などと、子どもたちのワークシートに丸をつけます。

　もちろんですが、教科書を使用しないのではなく、このような活動を行ったあとに教室に戻って、教科書を使用して学習の振り返りやまとめを行うようにしていました。

　小学校に入学したばかりのこの時期、子どもが興味を示す具体物を使って算数科の学習を進める重要性を強く感じた活動でした。数えて遊ぶ、数になじむ、数えることを楽しむという学習は、学びの芽生えから自覚的な学びに移行する学習と呼べるでしょう。幼児期の遊びのスタイルを取り入れることで、この時期にふさわしい学習を作ることが可能になります。小学校1年生というこの時期、具体物を使って学習を進めることがいかに重要であるかを、子どもたちの活動から学ぶことができました。

　同じような発想で、1年生の学習単元「学校ひらがな探検隊（生活科・国語科）」と「なんばんめ探検隊（生活科・算数科）」を作りました。生活科と関連づけた国語科や算数科の内容を、自覚的に学べるように工夫したものです。活動時期は小学校に入学して間もない4月、5月で、幼児期の遊びや活動を参考に、遊びながら学ぶということを取り入れて作りました。

　このうち、「学校ひらがな探検隊」のエピソード記録を次に掲載します。

第4章　児童期における「自覚的な学び」とは

エピソード記録 ❾

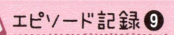

1年生 4月ごろ 「学校ひらがな探検隊」

　入学間もない4月当初、生活科の学校探検と関連づけ、子どもたちの興味・関心とひらがなの学習とが結びつき、楽しく主体的な学習となるように本単元を計画、実施しました。

　ひらがな探検隊は、「1文字のものを見つけましょう」と、最初1文字から学習をスタートさせます。すると、子どもが"歯"（は）を見つけます。「ほかには？」と周りを探すと、木の"葉"（は）を見つけます。「どちらも"は"だね。じゃあ、"は"というひらがなを書きましょう」と、ひらがなの"は"を書きます。同様に、自分の"目"（め）と、屋外の木の"芽"を見つけて、ひらがなの"め"を書きます。ほかにも、"き"（木）"と"（戸）などを見つけます。このように、探検して見つけたもので、ひらがなの学習を進めます。

　活動1日目は1文字ですが、次の日は2文字にします。すると、"はと""いし""あり""むし""はな""はち"などを見つけてきます。一度にたくさんのひらがなを書くのは大変なので、見つけたひらがなのなかから多いものから順番に黒板に書いたり、ノートに書いたりして学習します。

　その次の日は3文字で、"かばん""かだん""すなば"、4文字"かいだん""くつばこ"のように、1文字ずつ増やしながらゆっくり時間をかけてひらがなの学習を進めます。そして最終的には10文字探検隊まで行います。"しょくいんしつ"や"こうちょうしつ"などは7文字ですし、"きゅうしょくしつ"は8文字、"コンピュータルーム"は9文字になります。10文字は、"せいかつかきょうしつ"があります。

　また、"テレビ"や"デジタルカメラ""コンピュータルーム"など、探検を通して必然的にカタカナも見つけてくるので、カタカナにも触れて学習を進めるようにしました。

見つけたものを記入するボードを首に、ひらがな探検に出かける児童

事例からわかる"自覚的な学び"

楽しさを文字で表現する必然性が大切

　入学してまもないこの時期、ひらがなの習得は小学校教育にとって欠かせないものです。ただ、ひらがなの習得と同時に、ひらがなを書く必然性を作ることが重要です。同時に、楽しかった活動や体験を、文字や文章で伝えるという経験も重要です。そのためには、書きたい気持ち、伝えたい気持ちにする、書きたくなる体験や活動を多く取り入れることが必要となります。それはまさに幼児教育の理念そのものです。

　「5文字探検隊」を実施したのは4月中旬ですが、活動がよほど楽しかったのか、後に書いてもらった感想文にも、自分の思いを素直に表現できていることがうかがえました。小学校入学と同時に、思いや気持ちを文字に置き換えること（作文）が求められますが、楽しかった活動を素直に表現することが、自覚的な学びへとつながることになります。

楽しく、主体的に学ぶ

　従来の、教室で学ぶ形のひらがなの学習と違って、探検という楽しく必然性のある活動なので、ひらがなを学ぶ意味や子どもたちの主体性が発揮されるのだと思います。だからと言って教科書を使用しないのではありません。探検活動と並行して、教科書を使用し、ひらがなの書き順や書き方なども学習します。

　幼児期に遊ぶことに熱中するように、夢中になってひらがなを見つけ、楽しく主体的に学ぶことができたように思います。

　「幼児期の終わりまでに育ってほしい姿」と照らし合わせても、自立心や協同性、数量や図形、文字などへの関心・感覚、豊かな感性と表現、言葉による伝え合い、思考力の芽生えなどの姿がふんだんに見られます。まさに「遊び込み」から「学び込み」への移行ではないでしょうか。

エピソード記録❿

5歳児&1年生 5月ごろ

学校探検オリエンテーリング
「こいは何匹いるでしょう」

　附属小学校1年生と5歳児の交流活動を紹介します。算数的活動として、校長室に置かれているちょうちょうの標本や池のこい、飼育しているにわとり、プランターや水道の蛇口、置き傘、体育館のライトや跳び箱などを数えることを組み入れます。

　すでにペアとして組んでいる附属小学校の1年生に迎えにきてもらい、手をつないで小学校へ出かけていく幼児たちは、首から誇らしげに探検バッグを下げていました。数日前、「今度、小学校に探検に行くよ」と伝えたら、日ごろ1年生が生活科の学習で持っている探検バッグをまねて作ったものです。小学校に着き、1年生に「私の靴箱使ってね」と誘われて、照れたようにしながら靴箱に靴を片づけていました。

　どこから探検するかはペアで相談して決めます。A児は、1年生のお姉さんといっしょに校長室へ向かっている途中で、「入る前にはね、ちゃんとトントンとノックをするんだよ。どうぞって言ってくれたら、失礼しますと言ってから入るんだよ」「小学校ではね、廊下は走っちゃだめなんだよ」と話しかけられ、「うん、わかった」とうなずいていました。

　校長室のすぐ近くには、こいの池があり、幼児と1年生のペアが次々と池の周囲にやってきます。この場所はたくさんのこいが気持ちよさそうに泳いでいて、子どもたちにも居心地のいい空間になっているようです。

　やってきたペアは、たくさんいるこいの数に興味を覚えたようです。「ねえねえ、何匹くらいいるんだろう?」とたずねると、1年生が「動きが速いから、なかなか数えられないんだ。いつも数えようとするんだけど、できないんだよ」と答えます。幼児が、「餌

たくさんのこいが気持ちよさそうに泳いでいる池

をあげてこっちに寄せたら数えられるよ」と言うと、「そうだね、その作戦、とってもいいね。いつも餌をあげている教頭先生に、もらってこようかな？」と、教頭先生を捜しに二人で出かけていきました。

　その次のペアも数に興味を覚えています。幼児が「うわあ、きれいだなあ。赤いのも白いのもいるね。でも、たくさんすぎてわかんない」と言っています。1年生は「最初に動いているこいを数えて、あとでじっとしているこいを数えよう」と答えましたが、幼児が「でもやっぱり難しいよ」と返します。1年生はしばらく考えて「そうだ。赤い模様のこいと白い模様のこいに分けよう。それから赤白別々に大きいこいと小さいこいを数えるといいんだよ」と話し、夢中で数え始めました。

　なかなかうまく数えることができないなか、別の5歳児と1年生の4人グループが、こいの数を見事に数えました。「こいって手をたたいたら寄ってくるね」「そうだ、4人でいっしょに手をたたいたらいいんじゃないの」「うまくいくかなあ？」「わからないけど、やってみよう」と、4人は相談を重ね、4人が等間隔に離れて手をたたき、分かれたこいをそれぞれが数えるという作戦を思いつきました。その方法は見事に的中し、4人がそれぞれに数えたこいの数は、9匹、15匹、21匹、18匹で、合わせて63匹という答えを導き出しました。

　もちろん、隠れていたこいもいたかもしれませんが、「すごいすごい、4人で力を合わせたら数えられたね」と、私も4人といっしょに大喜びをし、その日のベストチームワーク賞をそのグループに贈りました。

グループごとに工夫してこいの数を数える

事例からわかる"自覚的な学び"
知恵を出し合って考える力

　この活動を実施した5月は、小学校の算数の教科書では、「10までの数」を学習している時期です。しかし、楽しみながら数えると、教科書の学習内容を超える場面とよく出会います。

　この活動では、なんとか数を数えようと、ペアで工夫に工夫を重ねて考えている姿がとても印象的でした。

　必然性をもって学ぶ意味が、ここにあるのだと思います。これは、当時、1年生の担任だった私と、5歳児の担任だった佐々木先生（現・附属幼稚園長）が行った実践ですが、交流活動でなければ生まれなかったエピソードであり、連携を重ねるなかで必然的に生まれたエピソードだとも思っています。

　佐々木先生と私は、幼児や児童の学んでいる姿の記録を交換し、活動の評価を行ったり、次の活動に向けての改善を行ったりしていました。今にして思えば、常にカリキュラムマネジメントを意識しながら活動を作ったり、評価し合ったりしていたことになります。

　今後、このような交流の活動が、アプローチカリキュラムやスタートカリキュラムはもとより、この時期の接続カリキュラムとして組み込まれることが重要になるのではないでしょうか。

　アプローチ／スタートカリキュラムや接続カリキュラムの作成については、第5章で詳しく紹介します。

2 協同性や人と関わる力が発達する姿も見られる

1年生の機転が幼児に伝えた「学ぶ楽しさ」

　学校探検では、お気に入りの宝物を見つけ、それを俳句に詠んでいますが、家庭科室では次のようなこともありました。
　「ここが家庭科室だよ」と伝えても、いっしょにいた幼児の反応はあまりありませんでした。困った様子の1年生は、冷蔵庫を見つけました。そして私を見て、「先生、冷蔵庫を開けてもいいですか？」とたずねます。「いいよ」と答えると、幼児の前で冷蔵庫を開け、中にあった野菜やバター、コーンなどに驚いた様子を見せました。そこで生まれた幼児の俳句が、「れいぞうこ　コーンやバターが　いっぱいだ」「れいぞうこ　つめたいアイスに　びっくりだ」などです。
　機転をきかせて冷蔵庫を開けた行為が、幼児の興味や言葉を誘発し、すてきな俳句とともに、家庭科室へのいい印象を与える結果になりました。幼児といっしょに活動すると、1年生にこのような機転をきかせた行為や活動が表れ、結果として、学ぶことの意味や楽しさを幼児に伝えることになります。
　また、1年生は幼児の行動や気持ちを考えるとともに、1年前の自分の姿と重ねることにより、自分自身を振り返ったり、あらためて学び直したりすることが可能になります。
　連携の交流活動にはこのような意味があります。ここに記した行為はほんの一つのエピソードにしかすぎませんが、おそらく至る所でこのような場面が見られたはずです。

交流活動は
１年生にとって自立への足がかりとなる

　5歳児と1年生との交流活動は、幼児にとって、育ちや学びや成長した姿のイメージが作られる、環境としての小学校のイメージができる、入学への安心感が芽生える、などのメリットが挙げられます。児童にとっても、入学と同時に高学年の先輩に世話をされることが多い小学校で、自分より年齢の低い幼児と関わることで、自覚や自己肯定感が芽生え、自立への足がかりとなります。

　例えば、靴箱の場面（78ページ）でも、「お姉ちゃんを見ててね」と言って自分の靴を片づけ、幼児の行動を見守っている1年生がいました。幼児の靴を片づけるのではなく、自分でできるように促し、できたときに、「そうそう、上手にできたね」と声をかけています。まさに人と関わる力や相手を思う気持ちなどが発揮された場面といえるでしょう。

　「自覚的な学び」という言葉には、教科のねらいや内容を自覚的に学ぶということにとどまらず、思いやりや親切心、道徳性や協同性、人と関わる力などの発達や成長も含まれているのだと考えます。

　一方、教員にとっても、文化や歴史の違う教育を目の当たりにすることにより、互いの教育から学び合い、教育観や教育理念の変容につながるものとなります。接続の考え方が絵に描いた餅にならないようにするためには、それぞれの保育や教育、交流活動に見られる具体的な子どもの姿で語ること、事実から接続の遊びや学習、教育課程を作ることなどが重要となります。

エピソード記録 ⑪

1年生 7月ごろ 「熱かったすべり台」

　「先生、すべり台の所が、めっちゃ熱いよ」と、A児が驚いた様子で報告に来ました。すべり台を指さし、触ってみるように促されます。「あっつう」私が驚くと、周りにいた子どもたちも会話に参加してきました。「そうじょ、ここの所、熱いんじょ」「そうそう」などと、すでに知っていたような口調の子もいれば、実際に触ってみて、「うそ？　あっつう。ほんまや」と驚いている子もいます。「なんでこんなに熱いんやろうか」「陽が当たっとうけん」「そうそう、裏側は当たってないから熱くないはず…。あちっ、なんで？」と、予想と違う結果に目を丸くして驚いています。

　「ほんま、陽が当たってないところも熱い。なんでやろ？」子どもたちは次々と台を触り確かめます。「これ鉄でできてるから、熱くなるんよ」「そうじょ、鉄は熱くなるんじょ」

　私が、「陽が当たってないところも？」と問いかけると、「これは、つながってるから、こっち（裏側）も熱いんよ」との答え。私がまた、「なるほど、じゃあほかの物は熱くないの？」とたずねると、子どもたちは一斉に、周りにある物を触り始めました。土、肌、洋服、他の遊具、探検バッグ…、子どもたちなりに異なる素材の物を選んで、「熱い」「これはあんまり熱くない」「冷たい感じがする」などと、夢中になって試しています。「鉄は、冬は冷たいよ」「探検バッグのこのところはプラスチックやから、熱くならん。ん？　少しあったかいかな？」などと、自分のこれまでの既有知識や経験と重ねながら、物の温まり方には違いがあることを体感し、理解しているようでした。

　「あれ？　ここは熱くないよ」B児が、鉄でできているはずのすべり台の

いろいろな所を触って熱さを確かめる1年生

第4章　児童期における「自覚的な学び」とは

手すり部分に疑問をもったようです。「うん、ここは熱くない、なんでやろ」「色塗ってるからじゃない？」「そっか、こっちはむき出しになってるから熱い」「色を塗って熱くならないようにカバーしてくれとるんよ。みんながやけどせんように。ここの遊具全部色塗っとうで。なんでここ（すべり台の滑る部分）だけ塗ってないんやろ」「おしりをつけるけんじゃない？ おしりは熱くないで。手で触るんは熱いけど」「そうやな、登るところは手で触るけん塗ってくれとるんや」「お世話してくれよる人がおるんやな」

このやりとりには、7名ほどの子どもたちが加わっていました。ほかにもいたかもしれませんが、それぞれに探検活動をしていたので、少し関わったあと、ほかの場所に行った子もいたに違いありません。

〈考察〉

一人の児童が、すべり台の鉄部分が熱くなっていることに気づいたことから、このやりとりが始まりました。それぞれが好きなように、思ったことや感じたことを話していますが、その様子からは、事物の現象の不思議さに心をひかれ、疑問を抱き、それを確かめたくてたまらないという意欲が感じられました。そして、それぞれがもつ知識や経験を総動員して、考えたり確かめたりしながら、自分なりの論を組み立てて納得していく姿に、子どもたちの探求する姿を垣間見たように思います。それはまるで、理科学習における予想・仮説、実験、検証という学習過程のようでした。

それだけではありません。ここでおもしろいのは、導き出した答えが自分自身や自分の生活につながっていることです。ただ単に、鉄が日光によって温まるという現象を知り、確かめているだけではないのです。鉄製の遊具に塗料を施していることが、すべり台を手入れしてくれている人がいることにつながり、そしてそれが利用している自分たちに配慮したものではないかということにまでつながっているのです。自然事象が自分の生活にどのように取り込まれて利用されているのかということを、自分のこととして捉えることは、ただの知識にとどまらない学びであると思いました。

事例からわかる"自覚的な学び"

芽生えを引き継いだ「自覚的な学び」が見られる

　この記録をとったのは森 友子先生ですが、彼女は、私と同じように、附属小学校から附属幼稚園に異動し、1年生と5歳児のクラス担任を経験しました。

　考察にも書かれているように、子どもたちはすべり台の鉄の熱さに疑問をもち、探求を始めます。指先で触れながら知恵を絞り合い、温まるものとそうでないものとの比較検証を、仮説実験をするように繰り返していきます。小学校学習指導要領では、「活動や体験を通して得られた気付きを質的に高める指導」「児童の知的好奇心を高め、科学的な見方・考え方の基礎を養う」ことなどが基本方針として挙げられていますが、本事例はこれらのことにも結びつくものです。

　「〔A〕物質・エネルギー（2）金属、水、空気と温度：金属、水及び空気を温めたり冷やしたりして、それらの変化の様子を調べ、金属、水及び空気の性質についての考えをもつことができるようにする」は、小学校4年生理科の内容です。この記録に見られる子どもたちのやりとりは、幼さはあるものの、まさに4年生の理科につながる科学的な思考といえるでしょう。4年生との違いは、教室ではなく公園探検の活動中に生まれた学びであること、思考させているのではなく、自ら実際に触れながら熱や温まり方について思考していること、比較対象が金属だけではなく、土、肌、洋服、探検バッグ、遊具など、この時期の子どもにふさわしい身近なものであること、熱い鉄への気づきが公園探検での遊びから生まれたことなどが挙げられます。子どもたちの思考過程は、まさに学びの芽生えを引き継ぐ「自覚的な学び」といえるでしょう。

　遊びから生まれた疑問を大切にし、ものの温まり方について仮説検証するような本事例の背景には、生活科と同様に活動のねらいや内容が柔軟であり、多様でもあることが影響しているといえるでしょう。遊びや活動のなかで生まれる子どもの学び（気づき）を読み取るには、教員の力量が必要となります。それは、遊びのなかの学びや育ちを的確に読み取って記録する幼児教育の専門性を、小学校教師が学ぶことで可能となります。幼小を接続する教育課程の作成は、その点でも重要です。接続の教育課程を作り、指導計画や指導方法をつなげることは、幼児教育と小学校教育間の教育観や教育理念をつなぐことでもあります。

第4章　児童期における「自覚的な学び」とは

3 幼児教育を知ることで変容した、1年生を見る児童観

「なにもできない1年生」は教師側の決めつけだった

　エピソード記録⑪「熱かったすべり台」を記録した森友子先生が、興味深い後日譚を残していらっしゃるので、あわせて紹介します。

　〈私は、附属小学校に赴任するまで、中・高学年を担当することが多くありました。そのため、1年生を、初々しく幼く感じていました。1年生はできないことが多く、世話を必要とする存在だと思っていました。

　しかし、子どもを小学校へ送り出す幼稚園の先生方の思いと小学校へ迎え入れる教師の思いに、違いがあることを知ることになりました。幼稚園の先生方から、園生活の様子を教えていただいたことで、間違っていたことに気づいたのです。1年生は、幼稚園生活のなかで、行事を企画、運営したり、園の最年長としての役割や責任を果たしたりしてきました。そのような幼児に、幼稚園の先生方は「多くのことができるようになった」と、自信と誇りをもたせて小学校へ送り出していたのです。

　それを知らない私は、「1年生はまだできないことが多い」と決めつけて迎え入れていました。「こうします」「ああします」と手とり足とり教えなければならないと考えていたので、「どうしたいのか」「どうすればいいのか」などという問いかけではなく、指示ばかりを出していたように思います。そんなことをしなくても、1年生は、幼稚園生活のなかで体験や経験を通して身につけてきた力で、自ら考えたり判断したりできたでしょう。そして、自主的に活動することだってできたのです。〉

幼児期に育まれたものを知ることが接続の第一歩

　実際に、1年生は、与えられたり、世話されたりすることを喜ぶよりも、自らやってみたいという気持ちの方が強く、新しいことにどんどん挑戦しているときのほうが、いきいきとしています。そんな姿を見ていると、「1年生はまだなにもできない」などという考えが本当に間違っていたと実感できました。

　教師が、園での子どもの育ちを知らないということは、小学校教育のなかで、子どもたちが園で培ってきた力を発揮する機会を奪い、子どものよりよい学びをだいなしにしてしまうことだと思います。それとともに、教師が幼稚園での子どもの育ちを知り、育まれているものを大切にしていくことこそ、幼児教育と小学校の学びがなめらかに接続するための一つの手立てになるのではないかと考えます。

1年生と5歳児の関係だから見られる学びの過程がある

　入学してきた子どもたちは、幼稚園の最上級生という立場から、一気に最下級生という立場に変わります。ほんの数週間前までは、お兄さん、お姉さんとしての自信と誇りを実感し、その振る舞いを洗練させてきたにもかかわらず、そのような関係は断ち切られ、これまでに育んできた力を発揮できる機会を失ってしまうのです。そのような1年生にとって、幼小の交流活動の意義は大きいと考えます。

　私は初め、1年生の子どもたちが自分より年下の幼児に思いやりを

第4章　児童期における「自覚的な学び」とは

もって接することができるようになることが、幼小の交流活動における1年生にとっての大きな意義であると考えていました。しかし、交流活動を行うなかで、それだけではないと思うようになりました。

幼小合同で行う学校探検では、「職員室に入るときは、"失礼します"って言ってから、自分の名前を言うんよ」「これはな、○○って読むんよ」などと、1年生が幼児に教える姿がよく見られます。これは、幼児に思いやりをもって接しているということだけにとどまりません。1年生が、それまでに学んだことを人との関わりのなかで振り返り、捉え直している姿なのです。それは、その子にとって、自分の成長を実感する瞬間でもあるでしょう。教師に、「職員室への入り方は、どうするのですか」「これは、なんと読むのですか」などとたずねられて回答するというやりとりのなかでは、これほどの実感を伴う学びは得られないと思います。

逆に、「ねえ、時間だよ。戻らないかんよ」「走ったらいかんやろ」などと、幼児から声をかけられている姿も見られました。どうなるのかと見守っていると、「ありがとう。急ごうね」と、素直に聞き入れたり、すぐに行動をあらためたりするのです。普段、同級生に注意されるときとは違う反応がうかがえることに驚きます。自分が年上だという意識が、そうさせているように思うのです。

このような関わりを通して、子どもたちの行動や言動は洗練されていくように思います。この学びは、同年代や年上の者との関わりのなかでは得がたいものではないでしょうか。年上という立場から、時には逆転するような関係（1年生と幼児）が可能な関わりのなかでこそ見られる、学びの過程ではないかと考えます。

第 5 章

アプローチ＆スタートカリキュラムを作る

第5章 チャプター・プレビュー この章を読む前に

「接続期のカリキュラム」とは？

「アプローチカリキュラム」に必要なことは？

● 幼児期に見られる「学び」や「育ち」の姿が、
　小学校の先生にもわかりやすい形で提示されていること

「スタートカリキュラム」に必要なことは？

- 幼児期の遊びや環境が生かされていること
- 生活科が中心となるが、すべての教科で合科的に編成されること

「接続カリキュラム」はいっしょに作ると効果倍増！

アプローチとスタートを、別々のものではなく、
保育者と小学校の教師がいっしょに作るメリット

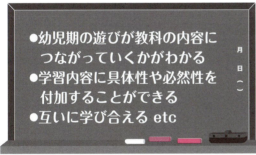

- 幼児期の遊びが教科の内容につながっていくかがわかる
- 学習内容に具体性や必然性を付加することができる
- 互いに学び合える etc

「接続期のカリキュラム」を作るポイントは？

↓

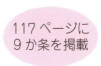

117ページに9か条を掲載

まずは記録をとり可視化することから！

いっしょに！が大切

第5章 アプローチ&スタートカリキュラムを作る

1 接続期のカリキュラムとは

アプローチ、スタート、双方を包括して接続カリキュラム

　アプローチカリキュラム、スタートカリキュラム、接続カリキュラムや教育課程の接続という言葉が使用されるようになったのはそれほど古いことではなく、ここ10年くらいのことです。簡単に言うと、幼児期の5歳児後半に小学校を意識した保育を営むことが「アプローチカリキュラム」で、小学校の就学期に幼児教育を踏まえた学校教育を行うことが「スタートカリキュラム」です。

　「接続カリキュラム」という言葉は、平成22年に開かれた「接続のための会議」（文部科学省）で初めて使われました。その会議では、「接続期」という言葉を使用し、接続期前期（幼児期）と接続期後期（児童期）に分け、その期間についてはそれぞれの園や学校で独自に決められるようにしていました。

　一方、国立教育政策研究所は、接続カリキュラムを次のように説明しています。

　「幼小接続期カリキュラムとは、アプローチカリキュラム（就学前の幼児が円滑に小学校の生活や学習へ適応できるようにするとともに、幼児期の学びが小学校の生活や学習で生かされてつながるように工夫された5歳児のカリキュラム）と、スタートカリキュラム（幼児期の育ちや学びを踏まえて、小学校の授業を中心とした学習へうまくつなげるため、小学校入学後に実施される合科的・関連的カリキュラム）を指します」

　このような経緯がありますが、本書では、接続カリキュラム前期（幼児期）＝アプローチカリキュラム、接続カリキュラム後期（児童期）＝スタートカリキュラム、その双方を包括して「接続カリキュラム」と呼ぶことにします。

　一般的には、5歳児後半9月ごろから3月までをアプローチ、小

学校1年生の1学期をスタートカリキュラムとしているケースが多く見られますが、地域によって、各校・園によって、その期間はさまざまです。

幼児期と児童期をなめらかにつなぐもの

3章で幼児期の「学びの芽生え」を、4章で児童期の「自覚的な学び」を見てきましたが、その「学びの芽生え」と「自覚的な学び」をつないでいくためのカリキュラムが接続カリキュラムです。幼児期と児童期の連携や接続の問題が認識されるようになるまでは、幼児期も児童期もそれぞれがお互いを意識せず、独自にカリキュラム（教育課程）を作っていました。ただそれでは、幼小間に壁や段差が生じ、子どもの成長や発達に少なからず支障が見られるようになりました。そこでお互いのカリキュラムを見直し、幼小間をなめらかにつなげるために考え出されたのが接続カリキュラムです。

2章で、幼児期の教育課程に触れましたが、小学校のカリキュラムと違って遊びや環境を中心とする幼児期のカリキュラムは、その専門性がないと見えにくい面がありました。そのため、アプローチカリキュラムは、遊びや環境を通してなにを学んでいるのかが、小学校の先生にもわかりやすく示されていることが重要です。一方、スタートカリキュラムは、幼児期を踏まえた小学校1年生の学習内容や学習方法が示されていることが大切です。幼児期と児童期、それぞれに学んでいる内容や方法を可視化し、子どもの成長や発達の連続性が示されていることが、接続カリキュラムの重要なポイントとなります。

では、接続カリキュラム前期である「アプローチカリキュラム」のポイントから見ていきましょう。

2 アプローチカリキュラムを作る

アプローチカリキュラムに必要なもの

　アプローチカリキュラムに該当する5歳児後期というのは、小学校への入学を控えた時期にあたります。この時期に大切なのは、5領域のねらいや内容を踏まえた教育が保障され、この時期の発達にふさわしい姿（いわゆる「幼児期の終わりまでに育ってほしい姿」など）が見られるかどうかです。そのため、アプローチカリキュラムでは、どのような学びや育ちの姿が見られるのかをしっかり捉えられる構造、内容となっていることが必要となります。

　またカリキュラムを作って終わりではなく、カリキュラムの評価や改善、いわゆるPDCAサイクルでカリキュラム・マネジメントを行いながら、保育の質を担保することが重要です。もちろん、これまでも小学校を意識した保育は行われてきましたが、今後はこれまで以上に教育課程を工夫し、小学校へのなめらかな接続を図っていくことが求められています。

作成のポイント

　さて、5歳児のカリキュラムのどこをチェックし、どう改善していけば、小学校への接続がスムーズになっていくでしょうか。2章で述べたように、今回の教育要領等の改訂で示された「幼児期の終わりまでに育ってほしい姿」や、つなげるべき「資質及び能力」などがわかりやすく示されているかが大切なポイントとなります。言い換えれば、小学校の先生にも幼児の姿が具体的にイメージできるものがよいでしょう。

コラム　生活習慣の自立を、園と家庭で協力して

　本筋とは少し離れますが、文部科学省が「早寝早起き朝ごはん」というキャッチコピーを提唱していることはご存じだと思います。いわゆる「自立」に向けての基本的生活習慣の確立に他なりません。「幼児期の終わりまでに育ってほしい姿」にも「自立心」「道徳性・規範意識の芽生え」「健康な心と体」がありますが、「自立」は幼児期に育てたい大切な内容です。

　実は小学校生活科の目標は、この「自立」であって、内容として「生活上の自立」「精神上の自立」「学習上の自立」の３つがあり、いずれも幼児期に大切なものばかりです。具体的には、挨拶や食事、睡眠や衛生・清潔、衣服の着脱などが考えられますが、無理強いするのではなく、基本的な習慣として実行することの心地よさを味わう、楽しく取り組む、快適な生活をイメージする、生活に生かすことなどが重要です。園と家庭で連携を図りながら、協力して取り組んでみてください。

　そのためには、小学校と情報交換を行ったり、交流活動を計画・実施したりして小学校教育を知り、１年生の児童の姿につながるカリキュラムであることが求められます。必要によっては、小学校１年生の教科書や指導書等を見ながら作成することもよいと思います。それは決して早期教育ではなく、近い未来の子どもの姿をイメージするためです。わかりやすいアプローチカリキュラムは、保護者にとっても有益で安心できる情報になり得ると思います。

　１つのモデルとして、神戸市立西野幼稚園のものを96ページに紹介します。このカリキュラムの特徴は、項目として「幼児期の終わりまでに育ってほしい姿」が設けられていることです。さらに、それを３つ（学ぶ力、人と関わる力、生活する力）に整理していることも小学校の先生方にわかりやすいでしょう。ほかにも、小学校との連携や、家庭との連携の欄が設けられていることも、特徴として挙げられます。

●モデル・カリキュラム🅐
神戸市立 西野幼稚園のアプローチカリキュラム

西野っ子の育ちと学びをつなぐアプローチカリキュラム〔抜粋〕

			9月～10月	
この時期に育ってほしい具体的な姿　～自己肯定感を育みつなげる～	学ぶ力	思考力の芽生え	○身近な環境に積極的に関わる。　　　　○素材や道具の特性を知り自分に触れる中で、使い方を予測 ○いろいろな遊びを通して、好奇心や探究心をもち、試行錯誤して遊ぶ。　　　　○遊びが面白 ・砂、土、水、粘土、栽培物、など身近な環境との関わりを楽しむ。	
		数量や図形、標識や文字などへの関心・感覚	○生活や遊びの中で、数えたり、比べたり、組み合わせたりすることを通して、数量や図形などに関する感覚を養い、 ○生活や遊びの中で文字に興味・関心をもち、文字を使う楽しさや相手に伝える面白さに気付く。 ・チームで得点を競ったり、取った帽子の数を数えたりする。　　　　・木の実や木の葉を	
		言葉による伝え合い	○自分の伝えたいことを言葉で伝える。　　　　○教師や友達の話を聞こうとする。 ○友達の意見に対する反対の思いなどを、自分なりの言葉で相手に伝えようとする。 ○教師や友達と温かい関わりの中で、言葉でのやり取りの楽しさを感じる。 ・伝えたくなる経験を積み重ねる。　　・読み聞かせや絵本貸出を楽しみ、いろいろな絵本や物語に親しみながら、	
		豊かな感性と表現	○見付けたことや感じたことを体や絵、言葉などで自分なりに表現する。　　○友達とイメージを 　　　　　　　　　　　　　　　　　　　　　　　　　　　　　　　　　　　　　　○友達の声や音を聞 ・教師や友達と心を動かす多様な経験を積み重ねる。　　・園内外の自然の不思議さや美しさに触れる。	
	人と関わる力	自立心	○自分なりに挑戦しようとする。　　　　○諦めずに根気強く取り組み、やり遂げた喜びや達 ○生活や行事の中で自分の役割を意識して行動する。　　○クラスの意識を高め、友達と一緒に行動する楽し ○見通しをもち安定して生活する。　　○ルールや遊びの方法を友達と考え合い、自分たち ・「やりたい」と思える運動遊びを見付けて、繰り返し挑戦する。　　・西野太鼓のリズムや力いっ	
		協同性	○友達と一緒に挑戦したり、競い合ったりする楽しさを味わう。　　○自分のしたいこと ○ルールや勝ち負けの意味が分かり、互いに力を合わせて遊ぶ。　　○困難なことに出会 ・教師との信頼関係から生まれる安心感をもって生活する。　　・友達との関わりや出来事を通して、	
		道徳性・規範意識の芽生え	○きまりの必要性を理解し、約束を守って行動しようとする。　　○友達とのトラブルが起きた ○友達とより遊びが面白くなるルールを考えたり、新たにルールを作ったりして自分たちで遊びを進めることを楽 ○遊んだ後は、次に使いやすいように考えて片付けたり、丁寧に扱ったりする。 ・自分のどんな思いも受けとめてもらう経験を積み重ねる。　　・友達と一緒に過ごす楽しさを味わう。	
	生活する力	健康な心と体	○思いきり身体を動かしたり教師とスキンシップをとったりして気持ちを発散する心地よさを感じ、安定して過ご ○様々な運動用具に興味関心をもち、意欲的に取り組む。　　　　○自分なりの課題や ○災害時の幼稚園での身の守り方を知り、約束や合図を守って避難訓練をする。　○災害時に落ち着 ○健康な生活リズムを身に付ける。　　○食事のマナーを守って楽しく食べる。 ・保健指導を通して基本的な生活習慣を身に付ける。	
		社会生活との関わり	○祖父母や地域の方など、身近にいるお年寄りに優しい気持ちをもつ。　　　○身近な人々に親し ・運動会や『輝け！集まれ！ながたっ子祭』で、大勢の人の前で西野太鼓を披露することを楽しむ。 ・保育所の友達と一緒に触れ合ったり、体を動かしたりして遊ぶことを喜ぶ。 ・輝き室内の方々に劇遊びを見て頂いたり、昔遊びを教えて頂いたりして、地域の人に親しみの気持ちをもつ。	
		自然との関わり・生命尊重	○身近な動植物に親しみをもち、大切にしようとする。　　　　○飼育や栽培を通 ○自然物を見付けたり、使って遊んだりする。　　　　　　　　　　○自然の中で、思 ・園外へ出掛け、秋から冬の自然に触れて遊ぶ。（明石公園、会下山公園、新湊川遊歩道など）	
		幼小連携	運動会や公開保育等の行事において、幼児の姿を見て頂く。　　　児童音楽会に参加し小学生に憧れの気持ちをもつ。　　　区域別人権教育推進協議会にて保育参観や話し合いを行う。　　　園だよりを配布し、情報交換する。	
		家庭との連携	・親子で絵本を読む機会を設け、親子でふれ合ったりお話の世界を一緒に楽しんだりできるようにする。 ・「やくそくひょう」の取組の工夫を保護者会で保護者に話をしてもらう。無理なく取り組める方法を伝え合い、親子で楽しみながら、子育てに自信がもてるようにする。 ・日々の幼児の姿を、具体的に降園時や毎月の通園ノートのコメントを通じて配信する。	・親子で楽しめる遊びを推進する。 ・個別懇談で、園での者も就学に向け安心 ・保護者会で、親子ば遊びなど、保護者

11月～12月	1月～3月

したり工夫したりして遊ぶ。　　　　　　　　○友達の考えに触れ、新しい考えを生み出す喜びを味わい、自分の考えを広げようとする。
くなるよう、友達と考えを出し合いながら、遊びを広げていく。
　　→

興味・関心を深めていく。

見付け、集めたり、分類したりする。　　　・カルタやコマ、羽根つきなど、日本古来の遊びに興味をもち、友達と挑戦する。

○自分の考えや思いを相手に分かるように伝えたり、相手の話を聞いたりして、相談し合いながら遊びを進めようとする。

○感じたことや思ったことを教師や友達と伝え合いながら、表現する楽しさやクラスで協力してつくりあげる喜びを味わう。
想像を広げる。

共有しながら一緒に遊びを進める。　　　○お話の世界にイメージを広げ、感じたことを素直に言葉や体で表現することを楽しむ。
き、美しい歌声や音色に気付く。
　　→

成感を味わう。　　　　　　　　　　　　○自信をもって意欲的に生活したり、行動したりする。
さを感じる。　　　　　　　　　　　　　○友達と互いのよさを認め合う。
で決めて遊びを進める。
ぱいたたく心地よさを味わう。　　　　　・修了の「喜びの太鼓」を楽しみながら、自信をもって太鼓をたたく。

を自分の力で実現しようとする。　　　　　○友達と共通の目的をもち、一緒に遊びを進めることを楽しむ。
っても諦めず、友達と助け合って遊ぶ満足感を味わう。　○自分の良さを発揮しながら、クラスのみんなで遊びを進める。
様々な感情体験を積み重ねる。

時は、教師の仲介を基盤にみんなで話し合い解決しようとする。　　　○よいことや悪いことが分かり、考えながら行動する。
しむ。　　　　○トラブルやすれ違いを通して、自分の気持ちに折り合いをつけ調整しようとする。
　　　　　　　○自分の物と友達の物を区別でき、どちらも大切にしようとする。
　　　　　　　・自分の行動を振り返り、気持ちを切り替える。

す。　　　　　○自分で判断し、安全に気を付けて行動する。　　　　　　○1日の生活の流れを意識して行動する。
目的をもって、できなかったことにも挑戦しようとする。　　　　　　○自分の成長を知り、大きくなったことを喜ぶ。
いて自分の身を守ろうとする。　　　　　○災害時や緊急時にはどのように行動するかを考え、自分の命や体を守ろうとする。
○食べ物に関心をもち、いろいろな味覚を経験する。　　　　　　　　○手洗い、うがい、衣服の調節を自分で進んでする。

みと感謝の気持ちをもつ。　　　○あいさつや返事を進んでしようとする。　　　○相手や状況に応じて考えて行動しようとする。
　　　　・「ひと・まち出会いフェスティバル」で地域の人に太鼓の演奏を見て頂くことを喜ぶ。
　　　　・トライやるウィークの中学生や高校生の優しさや温かさを感じ、親しみをもつ。

して、身近な動植物に思いを寄せて関わり、命の大切さに気付く。
い切り体を動かして遊ぶ。　　　　　　　○秋から冬へ自然の移り変わりやリスの冬ごもりなど、動植物の変化に思いを寄せる。
　　　　　　　・チューリップやビオラ、ダイコン、ブロッコリーの世話をする。

- 神戸市小学校オープンスクールに参加し、小学校の様子を見学することで安心して修了できるようにする。
- 給食交流を通して、小学校給食の様子を知り、安心感をもつ。
- 保幼小連絡会を通じて、個々の幼児の良さを伝え、連携を図る。
- 修了式での祝辞を校長先生より頂き、幼児と保護者が修学への期待がもてるようにする。

の機会を設け、スキンシップを大切にした関わり　　・幼稚園公開を行い、幼児の姿を見てもらう機会を設ける。
様子や小学校に向けての話を具体的に行い、保護　　・具体的な生活や遊びの場面を通して、幼児の成長を喜び合い、入学への期待につなげる。
できるよう支える。　　　　　　　　　　　　　　・就学に向け不安を抱えている保護者には、個別に声をかけたり、小学校と連絡を取り合
会話をすることの大切さを伝える。具体的なこと　　　えるようにしたりする。
が実践してみようと思えるものを発信していく。　　・就学に向けて、生活習慣など、園と家庭で見直していく機会をつくり、家庭でも意識を
　　　　　　　　　　　　　　　　　　　　　　　　　もって生活できるようにする。

第5章　アプローチ＆スタートカリキュラムを作る

3 スタートカリキュラムを作る

スタートカリキュラムの基本的な考え方

　スタートカリキュラムは、小学校に入学した子どもの不安や混乱をなくし、小学校生活をスムーズに始めるための1年生のカリキュラムです。これまでのように小学校に入学した途端に教科書や黒板を中心にした学習を始めるのではなく、幼児期の遊びや環境を取り入れながら、幼児期から児童期へと「学び」をなめらかにつないでいくためのものです。国立教育政策研究所では、スタートカリキュラム作成の手順やポイントが全国に普及するよう、平成27年に「スタートカリキュラム　スタートブック」を作成しました。

　そこには、基本的な考え方として、次のことが示されています。
- ●一人ひとりの子どもの成長の姿から編成すること
- ●子どもの発達を踏まえた時間割や学習活動を工夫すること
- ●生活科を中心に合科的・関連的な指導の充実を図ること
- ●安心して自ら学びを広げられる学習環境を整えること

　従来の小学校1年生のカリキュラムでは、国語なら国語、算数なら算数と、教科学習を45分間、教科書を中心に椅子に座って学習が進められていました。一方、新しいスタートカリキュラムでは、例えば「自己紹介のために名刺を書こう」と、生活科と国語科を合科的に学習したり、「教室にあるものの数を数えてみよう」と、算数科と特別活動を関連づけて学習したりします。活動や

体験を中心に、幼児期の遊びや生活を踏まえて１年生の学習を作り、入学した子どものとまどいや不安などを解消するために考えられたものなのです。小学校においては、「小１プロブレム」や「学校への不適応」などの課題も浮上していますが、これらの課題を解消するためのカリキュラムでもあります。

今回の学習指導要領の改訂においては、幼児期と児童期の接続を強化するために、生活科を中心に全ての教科でスタートカリキュラムを編成すること、１年生のみならず、小学校低学年の教育課程全体を視野に入れることも示されています。

作成のポイント

スタートカリキュラムを作るためには、単に教科と教科を合わせた時間割的な操作ではなく、
- 児童が幼児期に遊びや環境を通してどのように学んできたのか
- 幼児期を踏まえた柔軟で弾力的な学習をどのように創るのか
- 学習のなかに生まれる学びや育ちをどのように評価するのか

なども考慮して作成することがポイントとなります。

実効性を上げるためには、事前に、幼児期の発達や成長をよく知っている幼稚園や保育所、認定こども園の保育者と相談する機会を設定し、一人ひとりの個性や成長などの情報を得る時間を惜しまないことです。また、「わかる」「できる」ということはもとより、「やってよかった」「またやりたい」といった意欲や心情を考慮することが求められます。

スタートカリキュラムの導入が１年生の担任だけのものとなってしまうのではなく、その考え方を学校全体で共有したり、保護者にも適切に伝えて協力を得たりすることなどが、成功の鍵となってきます。

モデルとして、岡山県高梁市立落合小学校のものを紹介します。４月第４週の週案と合科的単元「がっこうだいすき」の展開計画です。

教科名のみならず、活動内容が詳しく示されていることがポイントになっています。

● モデル・カリキュラム❸
高梁市立 落合小学校のスタートカリキュラム

平成30年度 週案 4月4週（4/23～4/27） 23日（月）～25日（水）は家庭訪問

	4月23日（月）	4月24日（火）	4月25日（水）	4月26日（木）	4月27日（金）
児童の実態	・異学年との交流を楽しみにしている様子。特に6年生と関わることにわくわくしている。				
ねらい	・友達と一緒に学習や活動をすることに関心を持って、小学校生活を楽しく過ごすことができる。				
行事等	家庭訪問	家庭訪問 1年生を迎える会	家庭訪問 学年集金日	縦割り班結成集会	参観日 せんたくデー
朝学習	学年（1・2年）朝礼	朝読書	朝読書	朝読書	朝読書
朝の会	あいさつ、健康観察、トイレ、着替え、朝の用意（提出物、持ち物をしまう）				
1	【国語】（読書） 〈おはなしをよもう〉 ・図書室での過ごし方 ・司書の先生のお話 ・読み聞かせ ・好きな本を見る。	単2③ 学校の校歌を歌おう。 【生活・音楽】	単2⑥⑦ 名刺カードをつくろう。 【生活・国語・図工】	【国語】 〈ことばをつくろう〉 ・ことばをつくる。 ・集めたことばを読む。 ・ひらがなの練習 （ひらがなちょう）	単2⑩ 2年生と名刺交換をしよう。 【生活・国語】
2	【体育】 〈からだほぐし〉 ・背の順、整列 ・二人で遊ぼう ・かたたたき ・体のばし ・体でじゃんけん	単2④ 1年生を迎える会 【児童会活動】		【行事】 〈縦割り班結成集会〉 ・縦割り班の顔合わせ ・縦割り班で活動 自己紹介 ゲーム 写真撮影	【算数】 〈かずとすうじ〉 ・10までの数のものを数えて絵グラフで表す。 ・できたグラフを見て気づいたことを話し合う。
3	単2①② 「1年生を迎える会」って何をするのかな。 【学活】	単2⑤ 学級の係を考えよう。 【学活】	【書写】 〈せんをかこう〉 〈ひらがなの練習〉 ・えんぴつの持ち方 ・正しい姿勢 ・いろいろな線の練習 ・ひらがなの練習	単2⑧⑨ 『ありがとう』の気持ちを伝えよう。 【学活】	単2⑪ たのしい がっこう C よりよい学校生活、集団生活の充実 【道徳】
4		【国語】 〈うたにあわせて あいうえお〉 ・口の開け方や声の大きさ、リズム、テンポ等を工夫して読んだり歌ったりする。	【算数】 〈かずとすうじ〉 ・ブロックやおはじきの使い方 ・数量の大きさの表し方（6～10）を知る。 ・具体物を数え、練習する。 ・数字の練習（すうじちょう）		【国語】 〈ことばをつくろう〉 ・ことばをつくる。 ・集めたことばを読む。 ・ひらがなの練習 （ひらがなちょう）
	帰りの用意・給食の準備		給食の準備		
			帰りの用意		
5			【学活】 〈えんそくの話〉 ・めあて、約束 ・行先、持ち物 ・登下校の仕方 など		【算数】 〈かずとすうじ〉 ・ブロックやおはじきの使い方 ・数量の大きさの表し方（6～10）を知る。 ・具体物を数え、練習する。 ・数字の練習（すうじちょう）
下校時刻	一斉下校 13:10	一斉下校 13:10	一斉下校 13:10	一斉下校 15:10	一斉下校 14:50
接続を意識した授業の工夫・指導の工夫	・授業は1単位時間にこだわらず、児童の様子を見ながら柔軟に進めていく。				
保幼小交流計画					
特別支援					
家庭との連携	・毎日の持ち物と月曜日の持ち物の確認 ・毎日（土日）の音読の確認及びカードへの記入のお願い ・参観日の案内と学習内容のお知らせ				

スタートカリキュラム 大単元名「がっこうだいすき」(案)(44時間)

入学当初の生活科を中核とした合科的(関連的な)指導計画　《大単元から徐々に各教科に分科していくカリキュラム》

時期の目安	成長の姿	生活化単元との関連	単元名・活動	合科的に扱う教科 (　)は配当時数
4月第1週～第2週	安心感	「いちねんせいになったよ」 ◆げんきにがっこうにいけるかな ◆がっこうのいちにちはどうなっているのかな ◆あんぜんにきをつけてかえれるかな	【単元1：どきどき わくわく いちねんせい】16時間	
			第1時：先生や友達の名前を覚えよう	国語(0.5) 音楽(0.5)
			第2時：学校の一日の流れを知ろう(朝の用意)	生活(0.5) 学活(0.5)
			第3時：学校の一日の流れを知ろう(帰りの用意)	生活(0.5) 学活(0.5)
			第4時：学校の中を歩いてみよう	生活(1)
			第5時：みんなに知らせよう	国語(1)
			第6時：あいさつ(礼儀)	道徳(1)
			第7時：みんなで楽しく給食を食べよう	学活(1)
			第8・9時：自分の名前をかこう	国語(1) 図工(1)
			第10時：教室の中のものを数えよう	算数(0.5) 学活(0.5)
			第11時：図書室に行ってみよう	国語(0.5) 学活(0.5)
			第12時：友達と一緒に遊ぼう	体育(1)
			第13時：学校や学級の約束を考えよう	国語(0.5) 学活(0.5)
			第14時：交通教室	行事(1)
			第15時：友達と歌って遊ぼう	音楽(1)
			第16時：お話を聞こう	国語(1)
4月第3週～第4週	楽しい	◆なかよくあそべるかな	【単元2：なかよくなろうよ】11時間	
			第1時：学校の校歌を歌おう	生活(0.5) 音楽(0.5)
			第2・3時：名刺カードをつくろう	生活(0.5) 国語(0.5) 図工(1)
			第4時：2年生と名刺交換をしよう	生活(0.5) 国語(0.5)
			第5時：たのしい がっこう(よりよい学校生活)	道徳(1)
			第6・7時：「1年生を迎える会」って何をするのかな	学活(2)
			第8時：1年生を迎える会	児童会活動(1)
			第9・10時：『ありがとう』の気持ちを伝えよう	生活(1) 国語(1)
			第11時：学級の係を考えよう	学活(1)
5月第1週～第3週	自ら考えて行動	「がっこうとともだち」 ◆がっこうたんけんにいこう ◆たんけんしたことをみんなではなそう	単元3：がっこうたんけんをしよう 9時間	
			第1・2時：学校を探検しよう	生活(1) 国語(1)
			第3時：行ってみたい所を探検しよう part1	生活(1)
			第4・5時：探検したよ、見つけたよ part1	生活(1)
			第6時どうしてかな(規則の尊重)	道徳(1)
			第7時：行ってみたい所を探検しよう part2	生活(1)
			第8・9時：探検したよ、見つけたよ part2	生活(1) 国語(1)
	学校生活へ適応	◆こうていもたんけんしてみよう ◆たんけんしたことをみんなではなそう ◆がっこうのまわりをあるいてみよう	【単元4：がっこうのまわりをたんけんしよう】8時間	
			第1時：校庭探検をして固定遊具で遊ぼう	生活(0.5) 体育(0.5)
			第2・3時：花や木、生き物を見つけよう	生活(2)
			第4・5時：探検したよ、見つけたよ	生活(1) 国語(1)
			第6・7時：通学路を歩こう	生活(2)
			第8時：なにをしているのかな(善悪の判断)	道徳(1)

【配当時数】

■ 国語	10.5時間	■ 体育	1.5時間
■ 算数	0.5時間	■ 道徳	4時間
■ 生活	15時間	■ 特別活動(学級活動)	6.5時間
■ 音楽	2時間	■ 特別活動(児童会活動)	1時間
■ 図工	2時間	■ 特別活動(学校行事)	1時間
		合計	44時間

4 保幼小でいっしょに作る接続カリキュラム

いっしょに作る意義

　近年、アプローチカリキュラムにしろ、スタートカリキュラムにしろ、保幼と小学校がお互いを意識して作成されるようになったことは、日本の教育において大きな前進だと言えます。ただ、アプローチもスタートもそれぞれで作っていることが多いのが現状でしょう。

　接続期のカリキュラムを作成する場合、それぞれで作るのではなく、1つのもの、つまり「接続カリキュラム」として、幼児教育を担う保育者と小学校の教師がいっしょに作ることが望ましいのは、論をまたないところです。

　例えば、幼児期の遊びのなかにも小学校の教科学習につながるものがたくさんあります。小学校の教師といっしょに考えると、それは1年生の生活科や算数に、あるいは3年生の理科や社会につながる具体的なものとなり、よりいっそう、小学校へとなめらかにつながるカリキュラムとなるでしょう。同じように、1年生算数の学習内容を考えるとき、幼児教育の保育者といっしょに作ることで、「幼稚園の運動会で、赤玉白玉を35まで数えた経験がありま

す」「教科書の挿絵を数えるより、実際におたまじゃくしやとんぼなどを見つけて数えたほうが楽しく数えられるのでは？」のようなことから、学習内容に具体性や必然性が生まれてきます。これまでそれぞれで作ってきたアプローチカリキュラムとスタートカリキュラムを1つの接続カリキュラムとして捉え、いっしょに作ることが、幼児期と児童期をいっそうなめらかにつなげることになります。

いっしょに作ることで新たな発見も

　最近、私は幼小接続の研修会に呼ばれることが増えてきました。その際、「接続期のカリキュラムをいっしょに作ろう」というワークショップで、幼児期と小学校の先生方を4、5人ずつのグループに編成し、1年生の算数科「たしざん」や、国語科の学習「おおきなかぶ」の学習などをいっしょに作ることを取り入れています。そうすると、「そらまめを数えるともっと楽しいですよね」「おたまじゃくしを実際にとって数えると、夢中になれますね」「なるほど、幼児期に『おおきなかぶ』の絵本を読んでいるんですね」「○○くんはひらがなが上手に読めるんですよ」のような会話が生まれ、1年生の学習により学ぶ楽しさや学習の必然性などが生まれることになります。

　研修会後のアンケートでも、「お互いの考えを実際に聞き合えるのでとても有意義な時間になりました」というような感想が多く聞かれます。お互いの教育観が揺さぶられるような新たな発見がきっとありますので、ぜひこの方法で作成されてみてはと思います。

いっしょに作る過程（連携・接続のステップ）

　接続の報告書でも示されている「連携・接続のステップ」を紹介します。実はこの考え方は、私の前著『育ちと学びをつなげる幼小連携』（チャイルド本社刊、2010年）に掲載していました。その際は、ステップではなくレベルという言葉を使用していましたが、報告書においては、平易な言葉であるステップに修正をしました。

　幼児期と児童期をつなげることは簡単なことではありません。しかし、できない理由をいくら挙げても接続に向けて歩を進めることはできません。大切なのは、連携や接続の意味を理解し、まずは初めの1歩を踏み出してみること、できることから始めてみることだと思います。接続が幼稚園教育要領や小学校学習指導要領等に記載され、新しい時代の教育の重要な柱となった今なら、お互いに連絡を取り合ったり、行政に相談し協力し合ったりすることで、必ず1歩を踏み出せるでしょう。

連携・接続のステップ

ステップ0：連携の予定・計画がまだない。
ステップ1：連携・接続に着手したいが、まだ検討中である。
ステップ2：年数回の授業、行事、研究会などの交流があるが、接続を見通した教育課程の編成・実施は行われていない。
ステップ3：授業、行事、研究会などの交流が充実し、接続を見通した教育課程の編成・実施が行われている。
ステップ4：接続を見通して編成・実施された教育課程について、実践結果を踏まえ、さらによりよいものとなるよう検討が行われている。

　幼児期と児童期、異なるものをつなげようとするのですから、時間がかかって当然です。ゆっくりしたペースでかまいません。最初はステップ0や1の段階でも、5年をかけて、あるいは10年かかってもステップ3や4に移行できれば、それはとても意味のあることです。

　次ページ以降、3つのモデルを紹介します。

　北九州市のもの（106〜107ページ）は、市内の保幼小が私立も公立もいっしょに作成した接続カリキュラムです。各校・園の実践事例も、別冊の紀要で詳しく紹介されています。

　鳴門教育大学附属幼小のもの（108〜110ページ）は、附属のつながりを生かして、常に連携を図りながら作りました。111ページの「いかだプロジェクト」では、両者の学びが同時に成立するようにカリキュラムを作成しました。

　最後に、伊丹市立ありおか幼稚園・小学校の接続カリキュラムから幼稚園のアプローチ部分（113〜115ページ）を紹介します。「幼稚園での学びや気づき」「小学校でどの学年・教科・単元につながるか」が書き込まれているのは、幼稚園と小学校の先生がいっしょに作った成果といえるでしょう。また、写真を入れることで、小学校の先生にも幼児の学びの姿がイメージしやすいカリキュラムとなっています。

●モデル・カリキュラム❸
北九州市の幼児教育と小学校教育の接続カリキュラム

幼児教育と小学校教育の接続カリキュラム

期		接続前期			接続中期－1			
月		10月	11月	12月	1月	2月	3月	
発達の過程	幼児・児童の姿	みんなで　つくったよ　　　　　　　　　　　友達との関わりの中で，共通の目的に向かって考えを出し合って遊ぶ時期			うれしいな　もうすぐ　1年生　　　　　　友達とともに過ごしてきた喜びや成長を感じ，主体的に園・所生活を進める時期			幼児期の終わりまでに育ってほしい姿
	各期に見られる特徴的な姿（指導計画より抜粋）	・仲間意識が深まり，友達の思いが受け止められるようになる姿が見られる。 ・運動会や生活発表会など，共通の目的に向かって活動する中で，友達と考えを出し合ったり協力したりしながらやり遂げる楽しさを感じる姿が見られる。 ・文字や数字，標識や記号に興味や関心をもち，必要感から使おうとする姿が見られる。			・学級意識や仲間意識が高まり，学級の友達と見通しをもって活動する姿が見られる。 ・生活の中で起こった問題を自分たちで解決しようとしたり，友達と互いのよさを認め合ったりしながら，関わりが深まっていく姿が見られる。 ・修了が近付いてきたことを自覚し，入学に期待が高まる反面，不安をもつ姿も見られる。			
	育みたい資質・能力	【知識及び技能の基礎】 自分の体や健康に関心をもち，全身を使って伸び伸びと活動したり，清潔にしたりしようとする。 【思考力，判断力，表現力等の基礎】 本物らしさを求めて材料を選んだり，友達と工夫して表現したりして遊ぶ。 【学びに向かう力，人間性等】 仲間意識をもち競い合ったり，十分に自己発揮し達成感を味わったりしながら遊んだり生活したりしようとする。			【知識及び技能の基礎】 できるようになったことや自分の成長が分かり，就学に向け，学級の友達と一緒に見通しをもって活動するようになる。 【思考力，判断力，表現力等の基礎】 学級で考えを出し合ったり，力を合わせて問題を解決したりしながら，遊びを進める。 【学びに向かう力，人間性等】 就学への憧れや期待感をもち，学級の友達と共通の目的に向かって意欲的に生活しようとする。			
体験	ふさわしい体験	共通の目的をもち，友達と一緒に実現する体験			学級の中でつながりを深め，充実感を味わう体験			
	内容（健康・人間関係・環境・言葉・表現）	・生活のリズムや食事などの大切さを知り，自分の体や健康に関心をもつ。【健康】 ・運動的な遊びの中で，自分のめあてをもち，根気強く取り組む。【健康】 ・友達と考えを出し合って遊ぶ中で，気持ちを調整しながら遊ぶ。【人間関係】【言葉】 ・友達と共通の目的に向かって，遊び方を考えたり，役割分担をしたり協力したりして遊ぶ。【人間関係】【言葉】 ・経験したことやイメージしたことを工夫して表現する。【言葉】【表現】 ・自分たちで育てた栽培物を収穫し，調理して食べることの喜びを味わう。【環境】【健康】 ・園内外の自然や動植物に関わりながら，季節の変化や美しさに気付く。【環境】【表現】			・遊びや生活に見通しをもって友達と一緒に取り組んだり，考えを出し合ったりする。【人間関係】【言葉】 ・自分のめあてに向かって諦めずに根気よく取り組む。【健康】 ・交流を通して，小学校に関心をもったり，入学に期待をもったりする。【人間関係】【環境】 ・文字や数量などに興味や関心をもち，遊びや生活の中で使う喜びを味わう。【言葉】【表現】 ・寒さに負けず，友達と誘い合って戸外で体を動かして遊ぶ。【健康】【人間関係】 ・修了に関わる活動を通して，自分の成長を感じたり，身近な人々への感謝の気持ちをもったりする。【健康】【人間関係】 ・冬から初春への自然現象や動植物の変化に気付き，関わりをもとうとする。【環境】			
	モデル小学校区の事例	①おばけやしきに　いらっしゃい ②ドッジボールをしよう ③御仏様をかいてみよう ④どんなお弁当をつくろうかな ⑤めっきらもっきら　どおんどん ⑥大すき　ぼくらのさくらの木 ⑦こんどは，まけないぞ！ ⑧こんどは，どの役をしようかな			⑨ともだち，喜んでくれるかな ⑩お店のしなものをつくったよ ⑪たこ，たこ，あがれ！ ⑫ぼく，わたしの　とくいわざ ⑬おにのおめんを　つくろう ⑭心のおにって，どんないろ ⑮ゆきだるま　夏にはとける ⑯どんなお店に　しようかな ⑰みんなで卒園制作をつくろう ⑱もうすぐ　1年生			
	関わり等　主なねらい	チーム意識をもち競い合う楽しさを味わったり，一人一人が自分の力を発揮し満足感や達成感を味わったり，自信をもったりするようにする			できるようになったことや成長を認め，自信や意欲を高め，就学への期待感をもてるようにする			

接続中期－2	接続後期
4月 ～ GW	GW ～ 7月
なかよし いっぱい	**学校 だいすき**
教師や友達などと関わる中で進級した喜びを感じ，意欲的に学校生活を送ろうとする時期	学校生活に慣れ，安心し自信を持って自己発揮しながら友達と楽しく過ごそうとする時期
・小学生になった喜びと期待をもって意欲的に過ごす姿や不安をもつ姿も見られる。 ・「文字を書きたい。計算をしてみたい。」など，学習に取り組みたいという意欲が見られる。 ・「幼児期の終わりまでに育ってほしい姿」が行きつ戻りつしながら徐々に小学校生活に慣れていく姿が見られる。	・運動会の体験を機に，小学校生活に慣れ，自己発揮しながら生活したり，学習に取り組んだりする姿が見られる。 ・自覚的な学びができるようになり，めあて意識をもって学習に取り組む姿が見られる。 ・互いの思いや考えを伝え合ったり，協力し合ったりしながら学習する姿が見られる。
【知識及び技能の基礎】 小学校の約束や集団生活マナー，交通規則などを理解し，安全に生活するようになる。 【思考力，判断力，表現力等の基礎】 思いを表現したり，新しい知識を得たり，発見の楽しさを感じたりしながら学習する。 【学びに向かう力，人間性等】 ・教師や友達や上級生などと関わる楽しさを感じ安心感をもち学習等に取り組もうとする。 ・幼児期の経験を基にしながら，自分でできることや新たなことに取り組もうとする。	【知識及び技能の基礎】 小学校生活に慣れ，必要な生活・学習習慣や技能を身に付け，学習等をするようになる。 【思考力，判断力，表現力等の基礎】 小学校生活を支えている人々や施設などと自分との関わりが分かる。 【学びに向かう力，人間性等】 1年生になってできるようになったことが増えたという喜びを味わい，自信を持って学習等に取り組もうとする。
幼児期に経験した活動をしたり，幼児期の学びを発揮したりし，安心感をもつ体験	**活動や体験を取り入れた学習を通して，めあてに向かって意欲的に学習に取り組む体験**
「幼児期の終わりまでに育ってほしい姿」が行きつ戻りつしながら徐々に小学校生活や学習へとつながっていく	国語 / 算数 / 音楽 / 生活 / 図工 / 体育 / 道徳 / 特別活動
⑲がっこうの せいかつ ⑳はじめに ㉑がっこう たんけん	㉒なんばんめ ㉓せわを しよう ㉔なつを たのしもう
安心感の中で自己発揮できるように，個々の育ちに応じた関わりをしたり，幼児期に体験した活動を取り入れたりする	学習や生活の様々な場面で幼児期に育った力を発揮する中で，自分のよさに気付き，更に伸ばすことができるような学習活動をする

第5章 アプローチ&スタートカリキュラムを作る

●モデル・カリキュラム D
鳴門教育大学附属幼稚園・小学校の接続カリキュラム

5歳児 小学校との接続年間計画〔抜粋〕
――「育みたい資質・能力」と「幼児期の終わりまでに育ってほしい姿」を中心に――

		Ⅲ期（11～12月）	Ⅳ期（1～3月）
各期に目指すもの		●就学に向けて、学習や小学校生活への不安や緊張をほぐし、期待や見通しがもてるようにする。 ●小学校との合同活動を計画したり、小学校の先生をゲストティーチャーとして迎え、幼児や保護者が話を聞く機会をつくる。	●「幼児期の終わりまでに育ってほしい姿」から、幼児の資質・能力の育ちをしっかりと捉え直す。 ●小学校の施設や教室を訪問したりして、小学校生活への期待が高まるようにする。
接続の3つの柱（資質・能力の3つの柱）	【A】知識及び技能の基礎 気づいたり、わかったりする	○生活のなかで、文字や数や表示や標識などに関心をもって使いながら、適当な表現方法などを知る。	○園生活のまとめや引き継ぎのなかで、きまりの大切さを知り、友達と話し合ったり守ろうとしたりする。
	【B】思考力、判断力、表現力の基礎 試したり、工夫したりする	○友達といっしょに新しい遊びや遊びのルールを考え、試したり工夫したりしながら進めていく。	○いろいろな表現を話し合ったり試行錯誤したりしながら、共通のテーマのもとに、まとまりのある活動を創り出す。
	【C】学びに向かう力、人間性等 意欲をもって、粘り強く取り組む	○生活のなかの情報を伝え合ったり、共同で製作したりして友達といっしょに取り組む楽しさを味わう。	○修了に向けての活動や行事などのなかで、自分や友達の成長を感じ、感謝の気持ちをもつ。
活動のなかに見られる「幼児期の終わりまでに育ってほしい姿」	(1) 健康な心と体	・マラソン、縄跳び、こま回し、一輪車など、自分の課題をもって根気強く取り組んだり、困難を乗り越えたりする。【C】	・集団生活で必要な行動を見通して積極的に活動に取り組み、小さい組の子どもたちに園生活や場の使い方を伝える。【A】【C】
	(2) 自立心	・友達や1年生といっしょに競い合ったり、力を合わせて活動する楽しさや満足感、達成感を味わう。【A】	・やりがいや責任感をもって表現会や修了式などを皆で創り上げ、自信をもつ。【C】
	(3) 協同性	・合奏やフォークダンスなど、自分の得意なことを生かしたり友達のよさを知りながら、皆で進めていく。【B】	・個々の持ち味やよさを出し合いながら、学級全体で表現会や修了行事などに取り組む。【C】
	(4) 道徳性・規範意識の芽生え	・1年生との活動や皆でする合奏などの活動で、相手を理解し、相手の気持ちを大切に考える。【C】	・自分の気持ちを整理したり、友達と折り合いを付けながら周囲との関わりを深め、修了に向かう生活を楽しむ。【C】
	(5) 社会生活との関わり	・年の暮れの街の様子や生活の変化に関心をもち、地域の年越しの伝統的な文化に親しむ。【A】	・公共の施設を大切に使い、お別れ遠足などを楽しむ。【C】 ・修了に際して、親や祖父母などの愛情を感じ、家族を大切にしようとする。【C】
	(6) 思考力の芽生え	・遊びやゲームの説明やルールを理解したり、冬の自然現象の因果関係について考えたりする。【A】	・さまざまな楽器、道具や用具の特性や仕組みを生かして使いこなし、予想したり工夫したりして作る。【B】
	(7) 自然との関わり・生命尊重	・木の実や落ち葉などを使っていろいろなものを作ったり、冬の日の光や氷などの事象を楽しんだりする。【B】	・草木の芽吹きや気温の変化など早春に向かう自然の変化を感じ、好奇心や探究心をもつ。【A】
	(8) 数量や図形、標識や文字などへの関心・感覚	・サッカーやドッジボールなど、得点やチームの人数を数えたり比べたりして遊ぶ楽しさを味わう。【B】	・オセロ、将棋、トランプ、かるた、すごろくなどのゲームのなかで、数えたり比べたりして競って遊ぶ。【B】
	(9) 言葉による伝え合い	・絵本を作ったり、劇や言葉遊びなどをするなかで、言葉の美しさや意味を感じ、新しい言葉を知ろうとする。【A】	・修了に向かう生活のなかで、言葉を通して心を通わせたり、思いを込めて文字に表したりする。【B】
	(10) 豊かな感性と表現	・劇遊びやペープサートなど、動きや言葉などで表現したり、演じて遊んだりする喜びを味わう。【B】	・表現会や修了に向けての行事のなかで、自分の表現が認められる喜びを感じ、創意工夫する。【B】

※文末の【A】【B】【C】は、上段の「接続の3つの柱」のカテゴリーを表しています。

『役立つ！書ける！5歳児の指導計画』（チャイルド本社刊）より抜粋

第1学年 年間指導計画〔抜粋〕

	4月	5月	6月	7月	9月	10月	2年生へ
道徳	おともだち	はきはき あいさつ	がっこう だいすき	おてつだい	ものを たいせつに	【みんな なかよく】	
特活	【みんなともだち】 ・学級の仕事 ・登下校の仕方	【みんなのねがい】 ・美化奉仕活動 ・給食について	【みんなのねがい】 ・野外学習	【みんななかよし】 ・夏のくらし	【しごとの たいせつさ】 ・げんきなこ ・美化奉仕作業	・遠足 ・目を大切に	

スタートカリキュラム

がっこうたんけん		公園探検		きょうせいの せんせいと なかよし	はぐくみ まつりを しよう
がっこうたんけん	サツマイモをそだてよう			あきをみつけよう	おりょうり をしよう
あそぼうよ	いかだプロジェクト				おもしろ ハウジング

(111ページにエピソード記録を掲載)

	4月	5月	6月	7月	9月	10月	
	ことばのけいこ				ことばのけいこ		国語
	ひらがなたんけん		あさがおにっき		げきをしてみよう	わたしの おはなし	
	ことばあそび カルタをつくろう	○○○ふぞく しょうがっこう	おはなしきこうよ		じてんをつくろう	どうぶつ ずかんを つくろう	
	⑮	⑳	(25)	(23)	(30)	(34)	
	なんばんめ たんけいたい	しろい いしで	こんなこと できるよ	カレンダーを つくろう1	カレンダーを つくろう2	とばして みれば	算数
		⑪	(21)	②	⑭	⑭	
	なかよくうたって、おどって		わたしのがっき		たいいく たいかいって たのしいな	おとなの たんけん たい	音楽
						はなや くさと なかよし	
	④	⑥	⑧	④	⑧	⑧	
	なにを かこうかな	みつけた かたち	いろいろな かたち	ねんどで あそぼう	ちらしで あそぼう	たのしいこと いっぱい	どうぶつ さんの おうち	図工
	すきなもの いっぱい	あつめた ふくろで	せみの さんぽみち	ぱぴぷぺ ぽったん	コロコロ ころがれ			
	④	⑥	⑧	④	⑧	⑧	
	がっこうには、あそびどうぐがいっぱい			ともだちとあそぼう	たいいく たいかいって たのしいな	どうぶつ さんの まねっこ	体育
	⑥	⑩		(6、7月で⑰)	⑩	⑬	

※備考…＊丸数字は授業時数。ただし、はぐくみ学習の総時数にはＡＬＴ20時間を、国語科につながる時間の中には書写35時間を含む。
＊【 】内は人権学習の主題を示す。　＊道徳は主題名を示す。　＊丸数字・( )数字については各月における各教科につながる学習の時間の目安である。

第5章 アプローチ＆スタートカリキュラムを作る

1年生4月のスタートカリキュラム（指導計画）

Ⅰ期（4月）わたしたち　一年生

過ごし方	一年生になった喜びや不安を感じながら、学級担任や教室などの身近な人や環境に親しみをもってかかわるようになり、少しずつ小学校での生活の仕方が分かり始める時期。		
児童の姿	ねらい	指導内容	指導の要点と環境の構成の留意点
○いろいろな場所や教室の中のものに関心をもつ。 ○小学校での学習や生活に期待をもち、早く文具や教科書を使ってみたいと思ったり、質問等で遊んでみたいと思ったりしている。 ○文字を書いたり音読したりすることを喜ぶ。 ○身近な物の数を唱えたり数字を書いたりしながら、数の学習を楽しむ。 ○発表の仕方を覚え、発表することを喜ぶ。友達の発表もしっかり聞くという授業の型に慣れていく。	○小学校での学習に期待をもち、文具や教科書を使ったり、授業を受けたりする。	○文字や数字などに関心をもつ。 ・文字への興味・関心がわき、読んだり書いたりする。 ・音読を通して、文章を声に出して読む楽しさを味わう。 ・本を読む習慣を身につける。教科書や学級文庫、図書室の絵本や図鑑などに親しむ。 ・本の読み聞かせの時間を楽しむ。 ・身近な物の数を数えたり、唱えたりして、数への興味・関心がわく。 ・数え方の違いを知ったり、数の大小を捉えたりする。 ・時計の時刻を気にして学習したり遊んだりし、教室に集まったりしようとする。	○教師の言動や姿から児童は学びを深めていくため、言葉遣いや表情に気をつけて、話したり聞いたり書いたりする。 ・児童に目的をはっきりさせて指導する。 ・説明や話は、短く丁寧にして、聞こうとする態度を認める。 ・注意する点、約束事等はしっかり話し、折にふれて伝える。 ・丁寧な指導を繰り返すことで深く定着していくようにする。 ・児童のよいところはしっかり認めて褒めることで自信をつけるような指導をする。 ○新しい活動や学習には、見通しがもてるようにし、時間にゆとりをもって活動できるようにする。 ・時刻を意識して活動できるよう、早めの集合や準備、片付けを心がける。
○年長者の学校生活（場所の使い方や挨拶など）を、あこがれの気持ちで見て自分もやってみようとしたり、分からないことを教えてもらったりしている。 ○最初、少し不安をもちながらも登下校の仕方を保護者や先生に教えてもらい、次第に慣れて安心して登下校できる。	○先生や上級生に教えてもらいながら、いろいろな場所や生活の仕方を知っていく。	○小学校での集団生活に馴れる。 ・学校のルールやきまりを覚えていく。 ・挨拶や返事を丁寧にしようとする。 ・トイレの使い方が分かる。 ・持ち物の準備や始末の仕方が分かる。 ・みんなで使う物などの片付ける場所や位置等が分かり、整理整頓しようとする。 ・安全に安心して休み時間の遊びを楽しむ。 ・喜んで登校するとともに登下校がスムーズにできる。	○児童が安心して生活や学習ができるような環境づくりをし、個や集団に応じて丁寧に学校生活の仕方を伝えていく。 ・挨拶や返事、片付け、着替え、トイレ、生活リズム等の生活する力をつけられるようにする。 ・「おべんきょう」「学習」へのあこがれや意欲を大切にして、興味関心を高められるような工夫をし、楽しく充実した時間を過ごせるようにする。 ・幼稚園生活との違いや、同じ点などを児童に伝えたり、話し合ったりして、学校生活がスムーズに送れるようにする。
○小学校の授業の進め方（発表の仕方）に関心をもったり、新しいきまりやルールがあることを知ったりする。その中で、幼稚園の生活との違いを感じながら、分かることやできることが増えていくことを喜び、安心して楽しく過ごす。 ○幼稚園からの友達に加え、新しい友達が増え、学級の友達とふれあい、楽しく過ごす。また、新しい先生や前から知っている先生とかかわる中で、親しみや安心感を感じたりする。	○喜んで登校し、担任や友達に親しみをもってかかわり、不安や緊張感を和らげる。	○生活的な学びの中で、さまざまな気付きを深めたり広げたりする。 ・学校探検を中心に、校内にあるさまざまな物や場所、学校生活を支えている人などを知る。 ・気づいたことや分かったこと、おもしろいことを絵や文、言葉等で表現したり、友達と伝え合ったりして、学級・学校、友達等のことを知る。	○教師はできるだけ教室で待つようにし、友達とふれあうよう、また、生活・学習等に慣れ親しめるよう言葉をかけていく。 ○児童の人間関係や遊びなどに気をつけ、休み時間には、教師も一緒に遊ぶ時間を作る。 ・広い運動場や遊具等で思い切り遊べるよう、遊び方やルール等を知らせたり、一緒に遊びながら安全に安心して遊べるようにする。 ○合同研修や連携授業……幼稚園との連携 ○連絡帳や家庭訪問等により、児童の家庭との連携

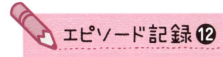

「いかだプロジェクト」

5歳児&1年生 4〜7月
（生活科・算数科・図工科・体育科・国語科等）

　実際にいかだをプールに浮かべて遊ぶのは7月中旬です。しかし、この活動は、4月下旬、大量に使うペットボトルを集める活動から始まります。

●集める過程（生活科・算数科）

　毎日、少しずつ増えていくペットボトルを見ながら、「何個になったかなあ？」「56個」「112個」のように、楽しみながら必然的に数を数えるようになります。「きょうは8個持ってきたよ」「ぼくは7個だから合わせると15個だね」のように、暗算はもちろん、黒板やノートなどを使って足し算を始めます。1年生の単元内容は、この時期まだ「20までの数」ですが、「85と235で…」などと3桁を計算しています。5歳児も、個人差はありますが、「75、76、…」と数える子もいます。

●作る過程（生活科・図工科）

　「このテープうまく切れないなあ」「ぼくが切るからくっつけてね」と、1年生と5歳児が対話をしながら思い思いにペットボトルをつなげ、いかだを作っていきます。作り方はさまざまですが、作りながら役割分担が生まれています。「いかだくんという名前をつけたよ」と言うので、「いかだに書いておいてね」と伝えたら、5歳児が楽しそうに「いかだくん」と文字を書いていました。

●遊ぶ過程（生活科・体育科）

　いよいよ小学校のプールにいかだを浮かべて、いっしょに遊びます。「ぼくが乗っても沈まないかなあ？」「すごいすごい、5人も乗れたよ」「壊れたいかだのペットボトルでも浮かぶことができたよ」など、満面の笑みを浮かべながらプール中に子どもたちの歓声が響きます。

　ガムテープで貼り合わせたいかだは、水や子どもたちの激しい動きで壊れていきますが、その壊れたパーツを使って、遊びはさらに加速していきました。

作ったいかだで思う存分に遊ぶ子どもたち

事例からわかること

幼児期・児童期双方の教育課程が反映された活動

　いかだを作って遊ぶことが子どもたちの最大の関心事ですが、その遊び（活動・授業）のなかに、生活科を中心に複数の教科の要素が盛り込まれています。小学校では、集める過程が算数科、作る過程が図工科、プールで遊ぶ過程が体育科の学びです。作文に書けば国語科になります。集める、作る、遊ぶといった活動のなかに教科内容が盛り込まれることで、幼児期の学びを踏まえた接続カリキュラムとして位置づけることができます。

　一方、5歳児にとっても、数を数えたり、友達と協力して造形活動をしたり、水遊びをしたりすることが、この時期の教育課程（下表）に位置づけられたねらいや内容と合致します。「幼児期の終わりまでに育ってほしい姿」で捉えると、数量や図形、標識や文字などへの関心・感覚、思考力、協同性、言葉による伝え合いなどの育ちが、ふんだんに見られます。

　幼児期・児童期それぞれの教育課程のねらいや内容を同時に実現できることになり、意義のあるものとなっています。

　また、幼小接続の教育課程を単元や小さな活動のまとまりで考えると、教育課程が作りやすく、実践しやすいものとなります。模式的に表したのが下図の「教育課程モデル」です。

いかだプロジェクトの教育課程モデル　【附属小学校】

時期	4〜6月	7月初旬	7月中旬
時間	5時間程度	8時間	3時間
活動	集める （生活科・算数科）	作る （生活科・図工科）	遊ぶ （生活科・体育科）
体験	遊ぶ・楽しむ・考える・夢中になる・関わる・学ぶ・見通しをもつ		
	数える・並べる・比べる 足す・引く・量るなど	作る・工夫する 切る・貼るなど	浮く・泳ぐ・触れる 歩く・潜る

5歳児　Ⅰ期（7月）の教育課程（抜粋）【附属幼稚園】

〈ねらい〉　●身近な素材を使い、特徴や特性を生かしながら試したり工夫したりする。
　　　　　●自分の意見を言ったり友達の話を聞いたりしてイメージを共有し、表現し合うなかで、それぞれの良さに気づいていく。
〈内容〉　●友達とイメージを伝え合いながら遊びを進めていく。
　　　　　●身近な素材を使って、いろいろなものを工夫して作る。
　　　　　●浮かべたり動かしたりして試しながら、作ったり作りかえたりしていく。
　　　　　●水に関わって遊ぶことを楽しむ。プールで追いかけっこをしたり、ビート板につかまって浮かんだり潜ったりして遊ぶ。

●モデル・カリキュラム❺
伊丹市立 ありおか幼稚園の接続カリキュラム

幼稚園の学びから小学校の学習へ
（自然科学の分野におけるつながり）〔抜粋〕

幼稚園での学びや気づき　小学校でどの学年・教科・単元につながるか

目安の月	Ⅳ期　11月	
教育課程のねらい	4歳児	◎いろいろな遊びを楽しみながら、物事をやり遂げようとする気持ちを持つ。 ◎自分なりのイメージを様々な素材や方法を使って表現する楽しさを感じる。 ◎友達と一緒に遊びを作っていく楽しさを感じる。 ◎友達との遊びの中で、自分の思いを言葉で伝えたり、友達の話を聞いたりしようとする。 ◎季節の変化に気付き、身近な自然現象や社会現象に興味を持ちかかわろうとする。

＊5歳児のねらいは、114ページ。

自然科学の分野から見た遊び

【同じ葉っぱはどれかな？】
園庭で見つけた葉っぱをグループの友達と一緒に色や形などに分けて並べている。

この葉っぱは黄色の仲間かな？

・葉の色や形などを比べる
・手触り、葉っぱの質の違い
・いろいろな種類があることを知る
・においの違い

・1年　生活　楽しもう秋、ひとつぶのたねから
・1年　図工　なにになるかな
・2年　生活　秋の町、秋や冬の生き物はかせ

【さつまいも、たくさん掘れたね！】
みんなで育てたさつまいもの収穫。
いもほり⇒収穫したさつまいもを並べる・比べる・数を数える。

・土の上はさつまいもの葉がしげっているが、いもは土の中にできる
・土の中で育っていて、簡単には掘れない
・ひとつの苗から、いくつもつながっている
・さつまいもにはいろいろな形・大きさがある
・さつまいもの苗（茎）も、つながっていてのびている
・土の中には、みみずや虫がいる
・さつまいもの数

・1年　算数　大きさ比べ
・1年　生活　さつまいもを育てる、楽しもう秋
・2年　生活　ぐんぐん育てみんなの野菜
・3年　理科　植物の一生、植物の育ちとつくり

見て！このどんぐりにピッタリの帽子だよ！

・1年　生活　楽しもう秋
・2年　生活　秋の町をたんけんしよう

第5章　アプローチ＆スタートカリキュラムを作る

11月	
5歳児	◎自分の考えを友達に分かるように伝えようとする。 ◎いろいろな表現活動を楽しみ、自分の考えやイメージを様々な方法で表現する楽しさを味わう。 ◎共通の目的に向かって友達の考えを認めたり、励まし合ったりしながら遊びを進めていく事を楽しむ。 ◎自然物を使って遊び、素材の感触や物の質などに気づいたり調べたりすることを楽しむ。 ◎年末年始の世の中の動きに興味を持ち、積極的にかかわろうとする。

大根の白いところが見えるよ！

種まきから世話をした大根の観察、
収穫をしている。

- 大根の長さは、伸びると白い色が見えてくる
- 大きくなると太くなる
- どんどん葉が伸びる
- 大根は大きく、重くなる
- 土からなかなか抜けない

- 1年　生活　大根を育てよう、楽しもう秋、一粒の種から
- 2年　生活　おいしい野さいを育てよう
- 3年　理科　植物の一生、たねをまこう　植物の育ちとつくり
- 4年　理科　植物を育てよう
- 5年　理科　植物の成長、花のつくり
- 6年　理科　植物の体と働き

どんな模様を描こうかな？

園庭で集めた石に模様や絵を
描いている。

- 石にはいろいろな形がある
- さわり心地を感じている（つるつる・ざらざらごつごつ）
- つるつるの石は、絵が描きやすい
- 大きさや形によって使い分けることができる

- 5年　理科　流れる水の働き
- 6年　理科　大地を探る

| 幼稚園での学びや気づき | 小学校でどの学年・教科・単元につながるか |

12月

おもちって気持ちいいね！

日本の伝統行事「もちつき」を体験している。
　かまど（蒸す）
　⇒きね・うす（つく）
　⇒もちをまるめる
　⇒食べる

- 薪（木）を燃やすと、火が出て煙がでる
- 餅米をかまどで蒸すとご飯のようになり、杵でつくと餅になっていく過程
- つきたての餅は、あたたかくてやわらかい（ふわふわ・びよーん・むにゅむにゅなど）
- 餅はのびる
- 餅はやわらかく、いろいろな形にできる
- 時間がたつとかたくなる

- 2年　生活　年まつ年しの行じ
- 3年　社会　昔のくらし
- 5年　社会　農業

きれいな音がするね

友達と一緒に、楽譜を見ながらハンドベルの演奏をしている。

- リズム、鳴らし方、たたき方
- 音の高い、低い
- 音を鳴らすタイミング

- 1年　音楽　リズムうちをしましょう、いろいろなおとをみつけてならしましょう
- 2年　音楽　いろいろな音をかさねてたのしみましょう

しっぽの数は何本かな？

しっぽ取りの活動のなかで、しっぽの数を数えている。

- 数の多い少ない
- 数の比較

白チームのしっぽは何本あるかな？

- 1年　算数　数と数字、20までの数、大きい数
- 1年　算数　ひきざん

第5章　アプローチ＆スタートカリキュラムを作る

5 接続期のカリキュラムを作るポイント

「学び」を可視化し、語り合うことから

　接続期のカリキュラムを作るためには、まず、幼児期の遊びに見られる「学びの芽生え」を可視化し、伝えたり記録に残したりすることが大切です。なぜなら、見えない学びは決してつながらないと思うからです。「幼児期の終わりまでに育ってほしい姿」を上手に活用し、幼児期の学びをしっかりと語り合えるようにすることが必要です。

　一方、小学校においては、幼児期の遊びや生活を理解することが大切です。実際に園に足を運んだり、幼小の交流活動を実施したりして、幼児の遊びや生活を目にしたり、幼児期を担う保育者と語り合ったりすることが必要となります。

　その際、ただ接続期のカリキュラムを作ればよいということではありません。作ったカリキュラムが机上の空論や絵に描いた餅とならないよう、遊びや学習に見られる子どもの具体的な姿をカリキュラム上に言語化することが大切です。そのためにも、幼児期においては遊び込む姿をしっかり育て、保育の質を高めることが必要ですし、小学校においても、幼児期に高まった遊び込む力を、主体的で対話的で深い学び（アクティブラーニング）へつなげることが重要となります。カリキュラムマネジメントの考え方を取り入れ、作ったカリキュラムを実践したあと、評価・改善することも必要です。以下、接続期のカリキュラムを作るポイントをまとめておきます。

接続期のカリキュラムを作るポイント 9 か条

1. 遊びや学習の記録を取り、学びと育ちを可視化する。
2. 幼児期になにを学び、どのように育っているかを明らかにする。
3. 幼児期の遊びと児童期の学習をつなげるようにする。
4. 楽しく夢中になれる活動や体験をふんだんに取り入れる。
5. カリキュラムマネジメントを取り入れ、活動の評価・改善を図る。
6. 交流活動（連携）を取り入れ、子ども・教師ともに学び合う。
7. 連携（交流活動）と接続（教育課程）を車の両輪とする。
8. 保護者との連携を図り、理解を求める。
9. 上記のことを踏まえて、双方の先生が集まり、いっしょに作ることが望ましい。

子どもの育ちを双方で見つめ合おう

　接続期のカリキュラムを作るにあたり多くのことを紹介してきましたが、重要なこと、伝えたいことはいたってシンプルです。それは、接続の報告書に示されている「どのように育ってきたのか」「どのように育っていくのか」を幼児教育と小学校教育の双方で見つめ合うこと、語り合うこと、学び合うことにほかなりません。同じまなざしで見つめること、同じまなざしで評価することが大切で、それらを具現化するために接続期のカリキュラムがあると考えます。

　教育課程を作成する際に、私が指標としている秋田喜代美先生の言葉があります。「教育課程は見通しを与える地図である。子どもたちの経験の履歴が実際の旅ならば、地図と照らし合わせて、保護者も含め皆で共有しながら向かう方向を確認したい」（『保育の心もち』ひかりのくに刊、2009）というものです。

　教育課程（カリキュラム）はそれぞれの園・校で大切にされるべき独自の文化です。子どもたちがよい旅ができるよう、よい地図となる接続

期のカリキュラムを作ってみましょう。幼児教育と小学校教育、異質なものが出会うからこそ異なるものが見え、新しいものが生まれます。子どもの連続的な育ちや学びの姿はもちろんのこと、教師自身の力量を高めたり保育の質の向上や授業改善を図ったりするためにも、なめらかな接続期のカリキュラムは大切なものであると考えます。

「つながり」のなかに、新しい教育が生まれる

　従来、幼児教育と小学校教育は、同じ「教育」という土俵にもかかわらず、「遊び」と「学習」という隔たりがあったことは否定できません。ここまで述べてきたように、これからの時代、幼児期と児童期をつなげる接続期のカリキュラムの作成や実践および検証などを行い、幼児期の発達や学び（遊び）の特質を生かした小学校教育を創ること、すなわち幼児期との連続性を図り、適応指導にとどまらないなめらかな接続を行うことが求められています。

　幼児教育の特質は、幼児が遊ぶための素材（教材や教具など）が環境に埋め込まれていること、幼児の心情や自発性を尊重することにあります。小学校入学後の児童期においても、学ぶための素材を環境に埋め込むこと（小学校に備わっている環境を生かすこと）が必要であり、児童の思いや願いを大切にし、夢中になって学び込める学習を創ることが大切です。

　また、幼児期の教育の特質として、幼児の育ちや学びをエピソードで綴ったり、語ったりすることが挙げられます。それは「〜をして遊んだ」「〜が楽しかった」のような単なる記録ではなく、遊びのなかでなにを

学び、なにが育っているかを明確にした実践記録であり、ある程度の客観性を含んだものでなければならないでしょう。本書において、事あるごとにエピソード記録を持ち出したのは、幼児期の特質を踏まえてのことであり、幼児期と児童期をつなぐ連携や教育課程のエビデンス（実証性）を証明する手がかりとなればと考えてのことです。

　幼児期と児童期のつながりのなかにこそ、新しい教育の可能性を感じます。幼児期のどこまでも子どもに寄り添う姿勢と、児童期の客観的に学びを積み上げていく特性、それぞれに良さがあります。その互いの良さを生かした教育を創れば、今以上に豊かな教育（世界）を創り出すことが可能になるのではないでしょうか。小学校の入学までにどのような環境で育ってきたのか、遊びの意味とはなんなのか、どのような学ぶ力を身につけているのか、人や自然とどんな関係性を作ることができるのかなどを知って初めて、小学校教育を始めることができます。

　双方の子どもたちが学んでいく姿を見つめ合い、語り合うことが、互いの教育を照らし合わせることになり、それがこれからの時代をたくましく生き抜く子どもの育成につながるはずです。

　子どもたちの豊かな未来のため、それぞれの教育を改めて見直し、接続期の教育を考えてみようではありませんか。

第5章　アプローチ&スタートカリキュラムを作る

● 著者プロフィール

木下光二（きのした・みつじ）　鳴門教育大学大学院 教授

徳島県公立小学校教諭から鳴門教育大学附属小学校教諭・教頭、鳴門教育大学附属幼稚園教諭・教頭を歴任し、現在、鳴門教育大学大学院学校教育研究科教員養成特別コース教授。研究分野は、幼児教育および小学校教育、教師教育、情報教育など。大学および大学院では、教育実践の事例研究、教職協働力実践演習、基礎・総合インターンシップなどを担当している。

文部科学省幼児教育課「幼児期の教育と小学校教育の円滑な接続の在り方に関する調査研究協力者会議」委員。主な著書に、『育ちと学びをつなげる幼小連携』（チャイルド本社）、『幼児期から児童期への教育』（共著、ひかりのくに）などがある。

● STAFF

カバーイラスト	すがわらけいこ
本文イラスト	北村友紀、みやれいこ、やまざきかおり
カバー・本文デザイン	島村千代子
本文校正	有限会社くすのき舎
編集協力	東條美香
編集	石山哲郎

チャイルド本社
ウェブサイト
https://www.childbook.co.jp/
チャイルドブックや保育図書の情報が盛りだくさん。
どうぞご利用ください。

遊びと学びをつなぐ
これからの保幼小接続カリキュラム
事例でわかるアプローチ＆スタートカリキュラム

2019年7月　初版第1刷発行
2024年2月　　　　第4刷発行

著　者　　木下光二　© Mitsuji Kinoshita 2019
発行人　　大橋 潤
編集人　　竹久美紀
発行所　　株式会社チャイルド本社
　　　　　〒112-8512　東京都文京区小石川5-24-21
電　話　　03-3813-2141（営業）　03-3813-9445（編集）
振　替　　00100-4-38410
印刷・製本　共同印刷株式会社

ISBN　978-4-8054-0284-9
NDC376　24×19cm　120P　Printed in Japan

■乱丁・落丁本はお取り替えいたします。
■本書の無断転載、複写複製（コピー）は、著作権法上での例外を除き禁じられています。
■本書を代行業者等の第三者に依頼してスキャンやデジタル化することは、たとえ個人や家庭内の利用であっても、著作権法上、認められておりません。